Todos los juegos de tablero

Todos los juegos de tablero

Arturo Botín

© 2011, Ediciones Robinbook, s. l., Barcelona

Diseño de cubierta: Regina Richling
Fotografías de cubierta: © Istockphoto
Diseño interior: Paco Murcia

ISBN: 978-84-96746-60-2
Depósito legal: B-20.268-2011

Impreso por: **black**print
A CPI COMPANY
Torre Bovera 6-7 08740 Sant Andreu de la Barca

Impreso en España - *Printed in Spain*

Sumario

Introducción

El juego acompaña al hombre desde el primero de sus días. Junto a los restos de cualquier civilización aparecen invariablemente secuelas de su forma de jugar, de su manera de llenar el tiempo libre. Y a medida que iba avanzando la historia y las relaciones sociales del hombre se volvían más complejas, también adquirían complejidad los juegos que iba inventando. Seguir sus pasos es, en sí mismo, una aventura de conocimiento fascinante, porque gran parte de los juegos parecen impregnados del espíritu de su tiempo. Sólo hace falta leer entre líneas.

De todas formas, esta es una aventura que dejamos para otras páginas. ¿Qué buscamos cuando les presentamos un libro de juegos? Existen tantísimos juegos que es imposible realizar una guía completa; a lo más que llegaríamos es a ser exhaustivos. Por eso hemos trabajado con unos criterios determinados al plantearnos el libro. En primer lugar, juegos que gusten y sean fácilmente adaptables a toda la familia. Juegos cuyas bases se conocen superficialmente y que, al leer nuestras líneas, supongan un redescubrimiento, supongan aplicar una nueva forma de jugar y de disfrutar al máximo las potencialidades de cada uno de ellos.

En segundo lugar, variedad. Si tenemos un juego de fichas de dominó en las manos, ¿qué podemos hacer con él? Vamos a probar nuestros juegos, vamos a explorar en los juegos del patrimonio lúdico de otros países. Vamos, en definitiva, a divertirnos.

El libro que tiene en sus manos se divide en tres grandes apartados: los juegos de mesa, los juegos de dominó y los juegos de dados. En los tres casos son juegos que no requieren un gran despliegue de efectivos, que contemplan la posibilidad de pocos o muchos jugadores, que tienen una cierta flexibilidad en el momento de dar cabida a los más jóvenes y que, en última instancia, acostumbran a admitir versiones caseras de urgencia.

También nos hemos permitido la licencia de introducir juegos que, por fascinantes y por apasionantes, exigían un puesto por derecho propio. Es el caso, por ejemplo, del Mah Jongg, que requiere un juego de fichas completo.

En nuestro abordaje a este mundo nos hemos dejado seducir por las historias que envuelven la invención de cada uno de los juegos; no podemos dejar de creer que tienen impregnado el espíritu del momento en que vieron la luz. Si no, no hay más que acercarse a los avatares del Monopoly, que pueden reconocerse como una alegoría del afán capitalista que lidera el juego.

También nos hemos interesado por los rituales que acompañan a las reglas del juego; muchas veces, para asegurar la corrección y el respeto, otras, para dar un protocolo único a un juego que se lo merece. Uno de los rituales más necesarios responde a una pregunta: ¿quién inicia la partida? ¡Hay muchas y entrañables formas de decidirlo! Y junto a los rituales, las normas de urbanidad sobre el tablero o en la mesa, las reglas que hacen que, por encima del espíritu competitivo, de las ansias de ganar, prime el respeto que merece el contrincante.

LAS NUEVAS FORMAS DE JUGAR

No podemos finalizar esta introducción sin dar una mirada al futuro que ya es presente.

La tecnología ha dado una dimensión inesperada a los juegos de mesa; les ha abierto un mundo de posibilidades. Aunque jamás deberíamos renunciar al calor, la complicidad, la energía, la alegría *que* se establece alrededor de una mesa en la que se está jugando, tampoco vamos a desdeñar la puerta directa al mundo virtual.

Sí, se trata de internet. Internet ha abierto sus redes al juego en común, a formar parte desde casa de una partida de cualquier juego *que* se dirima a nivel mundial, con jugadores de diferentes partes del mundo.

Hoy por hoy, existen webs especialmente preparadas para facilitar el enfrentamiento en vivo y en directo entre contrincantes ubicados en diversos países. La gran pluralidad existente en internet permite explorar juegos practicados solamente por minorías o realmente difíciles de encontrar en el mercado.

¡A DIVERTIRSE!

La gran explosión comercial de los juegos de mesa se ha producido en el siglo XX. ¿Quién no ha tenido en sus manos un Monopoly, un Scrabble o un Trivial Pursuit? El descubrimiento o redescubrimiento de cada uno de ellos ha supuesto una revolución que se ha dirimido en la venta de millones y millones de copias en todo el mundo.

Los juegos de mesa más modernos acostumbran a combinar placer y conocimiento. Siguen, sin embargo, en las mesas de todas las familias y con plena vigencia, una serie de juegos que arrastran una historia de cientos de años y muy pocos cambios en su haber (por ejemplo, la oca o el parchís). Otros juegos de mesa prefieren la estrategia, la aventura, la suerte, la competición más dura... Hay para todos los gustos y para todas las edades.

Bajo estas premisas les presentamos nuestra pequeña aportación a los libros de juegos de mesa. Esperamos que su contenido les fascine tanto como a nosotros. ¡A jugar!

Juegos
de tablero

Ajedrez

Historia

El ajedrez es el juego de guerra por excelencia, uno de los más antiguos que existen, que exige de sus jugadores pericia, estrategia y táctica.

Sobre su origen corren muchas versiones, la mayoría de ellas leyendas. La más plausible asegura que fue inventado en la India, aproximadamente en el siglo XII a.C; también se especula sobre Egipto y Grecia. Tomando la raíz hindú, parece ser que desde la India pasó a Persia y, desde allí, a África y a Europa. Los árabes fueron quienes lo introdujeron en nuestro continente a través de la península Ibérica.

Desde su nacimiento hasta llegar a convertirse en el juego que conocemos hoy día, el ajedrez ha sufrido muchos cambios, tanto en las reglas como en los movimientos de las piezas. La versión india original había creado sus ejércitos ficticios basados directamente en sus propias fuerzas militares; así, había los caballos, los elefantes, los carros de guerra y los soldados de infantería.

Poco a poco fueron metamorfoseándose en las piezas modernas (reyes, reinas, torres, alfiles, caballos y peones), aunque nunca perdieron completamente sus orígenes. El rey actual se corresponde con el *sha* de la versión persa y la expresión «jaque mate» guarda una relación directa con el *shah-mat* mesopotámico, que significaba «el *sha* está perdido».

La reina fue durante un tiempo el ministro o consejero del *sha*, pero cuando el juego llegó a Europa, su plasmación gráfica se occidentalizó y se le otorgaron mayores poderes.

El alfil es el resultado de la evolución del elefante hindú; los caballos árabes se identificaron rápidamente con los caballeros europeos que combatían montados; el soldado de infantería hindú se mantuvo sin grandes transformaciones como el peón, y la torre, que había comenzado como un militar o un héroe, acabó convirtiéndose, sorprendentemente, en un bastión.

Paralelamente a la evolución de las piezas, las reglas del juego también fueron adaptándose a los tiempos cambiantes. E incluso, por qué no, fue cambiando la tipología de sus jugadores. Por ejemplo, a principios del siglo XX se consideraba al ajedrez como un juego propio de las clases altas; ahora, es jugado por millones de personas.

Antes de que la URSS desapareciera, el ajedrez era como una especie de deporte nacional y a sus jugadores se los consideraba los mejores del mundo. Poco a poco, sin embargo, fueron ganando terreno otros países como el Reino Unido o los Estados Unidos. En los años setenta, las batallas por conseguir el título de campeón mundial ce ajedrez saltaron a los grandes medios de comunicación. Los emocionantes encuentros entre Bobby Fischer (EE.UU.) y Boris Spassky (JRSS) en Reykjavik en 1972, o de Anatoly Karpov y Garry Kasparov en los ochenta, fueron seguidos con gran interés por una inmensa parte del público de los cinco continentes. Expectación causada, en parte, por el contexto político: en el primer caso, la guerra fría entre EE.UU. y la URSS, y en el segundo, el enfrentamiento entre el viejo y el nuevo *stablishment* soviéticos.

Un duro golpe en la historia reciente del ajedrez se produjo cuando Deep Blue, un ordenador creado por IBM, venció a Garry Kasparov, en 1997. Los movimientos de las intensas partidas fueron retransmitidos en directo a través de internet y el juego decisivo tuvo la friolera de 22 millones de visitas a la página web de IBM.

FICHA TÉCNICA

- **Jugadores:** dos.
- **Material:** un tablero dividido en 64 casillas o escaques, de dos colores que se alternan, generalmente blanco y negro. El juego se desarrolla entre dos personas, cada una de las cuales posee 16 piezas: un rey, una reina, dos torres, dos caballos, dos alfiles y ocho peones. El ejército de cada jugador se distingue de su antagonista por su diferente color, las blancas y las negras.
- **Dificultad:** aunque ser un maestro en el ajedrez implica desarrollar un juego extremadamente difícil, el ajedrez se adapta a un amplio abanico de grados de dificultad, de manera que puede ser jugado en todas las edades.
- **Duración de una partida**: si se trata de una partida para simple diversión familiar o entre amigos acostumbra a durar entre media hora y una hora. Las de competición pueden llegar a durar varias horas.

♦ **Objetivo:** un jugador debe capturar el rey de su oponente.

REGLAS

Movimientos de las piezas

Cada pieza puede moverse a cierta distancia en una o más direcciones. Algunas tienen más movilidad que las otras, lo que las hace mucho más valiosas. Sin embargo, sus movimientos siempre estarán limitados por la situación del resto de piezas en el tablero durante el juego. Una pieza puede desplazarse hacia cualquier casilla que le permita su categoría siempre que:

♦ La casilla no esté ocupada por una pieza de su mismo color.
♦ La casilla esté ocupada por una pieza del contrario, lo que implicará que esta última sea capturada y retirada del tablero. La pieza agresora ocupará el lugar dejado por su contrincante. Este punto es especialmente importante porque una de las tácticas principales en el juego consiste en diezmar al contrario capturando sus piezas.

El tablero se divide en unas hileras horizontales, que llamaremos filas: unas hileras verticales, que llamaremos columnas; y unas hileras oblicuas, que llamaremos diagonales.

Movimiento del rey.

Movimiento de la reina.

Movimiento de la torre.

Movimiento del alfil.

Movimiento del caballo.

Movimiento del peón.

El rey

Representado por una corona, es la pieza más importante y su captura por jaque mate supone el fin de la partida. El rey puede moverse una única casilla en cualquier dirección: horizontal, vertical o diagonal. Puede capturar una pieza no defendida, pero nunca debe ser capturado ni tampoco moverse hacia una casilla que lo ponga en peligro.

La reina

La más poderosa del tablero. Se mueve en línea recta a lo largo de los escaques vacíos y en todas las direcciones; es decir, puede circular libremente a través de diagonales, filas y columnas.

La torre

La torre puede desplazarse siguiendo toca la fila o la columna en la que está situada mientras no hayan otras piezas en su camino. Si las hay, puede optar por capturarlas si se trata del color contrario, o situarse a su lado si es de su mismo color.

El alfil

Bajo la forma de una mitra, el alfil se mueve a lo largo de las diagonales y, como la torre, puede desplazarse libremente en tanto no encuentre otras piezas en su camino. Esta figura está permanentemente restringida a mantenerse en las casillas del color en las que ha comenzado el juego. Así, cada jugador dispone de un alfil que va sobre casillas blancas y otro que sólo recorre las negras.

El caballo

De todas las piezas del ajedrez es, probablemente, la más difícil de dominar. Se mueve en forma de L: avanza una primera casilla en línea recta, tanto horizontal como verticalmente, para después tomar otra en diagonal. Es el único que puede saltar sobre las otras piezas del tablero, ya sean de su mismo color o no. Una vez ha saltado es indiferente que aterrice en una casilla blanca o negra, pero siempre será de color contrario a la de partida. Al igual que las otras figuras, sólo puede capturar las piezas que se encuentran en la casilla donde ha aterrizado.

El peón

Son los soldados de a pie, la infantería. Comienzan el juego desde la segunda fila de cada contendiente y se mueven en línea recta a lo largo de sus respectivas columnas. En su movimiento inicial tienen la posibilidad de avanzar una o dos casillas, pero a partir de entonces sólo podrán moverse escaque a escaque.

Los peones capturan de forma diferente al resto de piezas: atacan avanzando una casilla en diagonal desde su propia fila, nunca de frente.

El valor de las piezas

Cada pieza posee una movilidad diferente y, en consecuencia, tiene un valor y una importancia discuta en el juego. Según la etapa del juego unas piezas adquieren relevancia por encima de las otras. Por ejemplo, en la primera mitad acostumbra a ser mejor tener la reina que las dos torres, pero al final, las torres pueden ser mucho más fuertes que la reina.

Así se establece una marcada jerarquía: según ella, los caballos y los alfiles son «piezas menores», mientras que las torres y la reina son «piezas mayores». Dicho de otra manera, la pieza más valiosa es la reina, seguida de las torres; a continuación, los alfiles y los caballos. Los peones son los más débiles, por su limitada capacidad de movimientos y de capturas.

Es muy importante conocer el valor de las piezas en cada momento del juego porque, aunque el objetivo principal es capturar al rey, ganar material es un buen método para debilitar al oponente.

Ahí van algunos ejemplos para comprender la estrategia:

- Una torre y dos peones acostumbran a ser mejor que otras combinaciones menores; sin embargo, un alfil y un caballo podrían superar la asociación anterior, e incluso serían preferibles a una única torre.
- Dos alfiles y un caballo son mejores que dos caballos y un alfil; dos alfiles son más fuertes que dos caballos y pueden forzar fácilmente un jaque mate mientras que dos caballos nunca podrán hacerlo.
- En general, poseer un alfil es preferible a contar con un caballo (aunque depende de su posición en el tablero).
- Un alfil o un caballo son, por sí mismos, más valiosos que tres peones.
- Una reina, en condiciones normales, puede ganar a una torre, a una torre y un peón, a dos caballos, a

dos alfiles, y a un alfil y un caballo. En situaciones excepcionales el más débil puede resultar el vencedor.

♦ Una torre y un caballo sólo pueden ganar contra otra torre en unos pocos casos; de hecho, en noventa y nueve ocasiones de cada cien el enfrentamiento se resuelve en empate.

♦ Una torre puede, algunas veces, contra un alfil o un caballo (sobre todo si hay el mismo número de peones a cada lado), aunque frecuentemente la lucha entre torre y alfil acostumbra a conducir al empate.

♦ La batalla de la torre contra el caballo suele traducirse también en un empate, a menos que el caballo no esté próximo a su rey.

Algunos incluso se han atrevido a dar valor numérico a las piezas tomando como unidad la menos valorada, es decir, el peón. Así, el caballo y el alfil valdrían 3 peones; la torre, 5, y la reina, 10.

Normas de urbanidad en el tablero

Estas reglas, estrictamente guardadas en competición, no son imprescindibles en el ámbito familiar. Sin embargo, ilustran un cierto protocolo que no debe desdeñarse en favor del *fair play*. Las convenciones de etiqueta más apreciadas son:

♦ Un movimiento se considera terminado cuando el jugador deja de tocar la pieza.

♦ Si se trata de una pieza capturada, el movimiento termina cuando ésta se coloca fuera del tablero y la mano del jugador ya no la toca.

- En el caso de «coronación» de un peón (que se produce cuando el peón ha llegado al final de su recorrido y puede cambiarse por otra pieza), la operación termina cuando la nueva pieza está en el tablero y la mano del jugador, fuera de ella.
- Cuando el jugador toca una de sus propias piezas debe jugar con ella.
- Si el jugador toca varias piezas a la vez es su contrincante quien puede decidir con cuál de ellas jugará.

Hay algunas normas más, pero este resumen ya puede dar una idea sobre cómo mantener la etiqueta en el juego. Es importante fijar unas normas antes de empezar y después seguirlas. No resulta aconsejable, por ejemplo, dar el derecho de retracción. En estas ocasiones, algunos jugadores convierten el juego en una verdadera pesadilla por su talante inseguro.

Otro factor a tener en cuenta es el tiempo que se otorga a cada jugada. Algunas veces, el contrincante tarda tanto en decidirse que cada tirada se alarga una eternidad. En estos casos es preferible fijar un tiempo razonable por jugada; por ejemplo, cinco minutos.

JUGADAS Y MOVIMIENTOS

Jaque al rey y jaque mate

Como se ha visto ya, el objetivo fundamental del ajedrez es capturar al rey opuesto. Sin embargo, el juego exige que, sea cual sea la manera en que el rey esté amenazado por una pieza opuesta, el jugador atacante

Distintas posiciones de jaque mate.

debe advertir al rey que está en jaque; inmediatamente el jugador amenazado debe intervenir para acabar con la amenaza y poner el rey a salvo. Puede hacerlo de diferentes maneras:

♦ Sacando al rey del área de peligro.
♦ Capturando al agresor.
♦ Colocando una tercera pieza que se interponga en el ataque de las piezas contrarias.

Si el jugador amenazado no puede hacer nada y, por tanto, el rey será inevitablemente capturado en el próximo movimiento ya que no tiene escapatoria posible, se trata de un jaque mate. El juego ha terminado. En el gráfico de la página anterior se presentan algunas posiciones de jaque mate.

Enroque

En el curso del juego es posible hacer un movimiento peculiar llamado «enroque»: el rey y la torre se mueven a la vez a lo largo de la última fila, ya sea hacia la derecha o hacia la izquierda; el rey siempre se mueve dos casillas y la torre salta por encima del rey para aterrizar en el escaque colateral más cercano al centro de la fila.

El enroque sólo está permitido en la siguiente coyuntura:

- El rey y la torre no se han movido antes durante el juego.
- El rey no debe estar en jaque ni escapar de él con esta jugada.
- No puede haber otras piezas en ninguna de las casillas que el rey y la torre deben saltar para situarse en su posición final.
- El rey no puede pasar ni situarse sobre una casilla amenazada por una pieza del adversario.

Los secretos del peón

La figura del peón tiene varias jugadas inusuales que le confieren un valor añadido.

La promoción del peón o «coronación»

Como hemos visto, el peón es la pieza más débil y sus movimientos son muy limitados. Sin embargo, si un peón es capaz de saltar la barrera del enemigo y llegar hasta la última casilla de su columna «promociona» una nueva pieza que tomará su puesto. En otros términos, el jugador que ha conseguido llevar el peón hasta las mismas filas enemigas puede elegir cuál de las piezas capturadas de su ejército quiere liberar. Es posible recuperar cualquier pieza excepto al rey. La mayoría de las veces se suele elegir, si es posible, a la reina, por su mayor relevancia en el juego.

Comer al paso o *en passant*

Se produce cuando el peón avanza dos casillas en su movimiento inicial y se encuentra junto a un peón contrario. El peón contrario tiene la opción de capturarlo como si el primero sólo hubiera avanzado una casilla.

Movimientos no permitidos

Si se realiza una jugada que no respeta las reglas durante el curso del juego, las piezas deben recolocarse en la misma posición anterior al movimiento ilegal. Si es imposible volver atrás, el juego debe ser anulado.

Si las piezas son desplazadas accidentalmente y no pueden ser recolocadas en su ubicación anterior, también se produce la nulidad del juego.

ESTRATEGIA

En una partida de ajedrez pueden reconocerse tres fases muy marcadas por la estrategia que implica cada una de ellas: el inicio, el desarrollo y el final.

Se abre la partida

Los dos jugadores deben colocarse a uno y otro lado del tablero, de manera que ambos tengan una casilla blanca en el ángulo que se encuentra a su derecha. Previamente habrán sorteado el color de las piezas con las que jugará cada uno, las blancas o las negras.

Las piezas se colocarán de la siguiente manera: cada jugador tendrá en la última fila, comenzando por su izquierda, una torre, un caballo, un alfil, la reina, el rey, un alfil, un caballo y una torre; en la fila anterior habrá emplazados los ocho peones de cada ejército.

Si trazáramos una línea que dividiera imaginariamente el tablero, el rey y la reina de cada ejército quedarían a ambos lados de ésta. Así, se habla del alfil o la torre o... de la reina o del rey, según esté a un lado o a otro de esta línea divisoria imaginaria.

Una vez sorteado el color, el ejército blanco es el que siempre empieza. A partir de aquí, los jugadores moverán una pieza en cada turno.

El movimiento inicial, el primero de la partida, corresponde casi siempre a un peón; la mayoría de las veces es el peón de rey que avanza dos pasos para abrir el camino al alfil del rey y a la reina. Este comienzo es frecuente tanto en las piezas blancas como en las negras.

Fase inicial

En esta fase, ambos contendientes intentan posicionar sus piezas en las situaciones más ventajosas.

Generalmente, el juego se llevará a cabo en las filas centrales del tablero. La ventaja que tiene esta área es que, desde ella, resulta más fácil tomar la iniciativa porque puede mover rápidamente las piezas en cualquier dirección.

En la apertura es preferible no mover una pieza dos veces. Lo ideal es sacar los alfiles y los caballos; la última debe ser la reina. Por eso, el doble paso de los peones del rey y la reina es importante; porque ayuda a controlar el área central y, a la vez, deja vía libre a elementos valiosos del propio ejército. Una vez en el juego, es preferible que los peones no se separen, sino que avancen con una cierta conexión (nunca alinearse en la misma fila, ya que crearían un hueco en la defensa).

En cuanto a las reinas, las torres y los alfiles, que son las piezas que pueden viajar grandes distancias en un solo movimiento (tan lejos como vacío esté su camino), es mejor guardarlos en la retaguardia hasta que hagan falta. Este es el mejor momento para proceder al enroque, así el rey estará en una esquina más seguro y la torre tendrá el camino abierto hacia el centro del tablero.

Disposición de las piezas negras al inicio de la partida.

Los caballos, por otro lado, luchan más de cerca. Son más efectivos si se los coloca en la tercera o cuarta fila, de manera que sean una amenaza constante para las piezas de la primera fila.

En esta etapa inicial es muy importante mantener la movilidad de las piezas. Al entrar ya más profundamente en el juego comienza a planear la siguiente fase, en la que cada pieza busca capturar a otra enemiga si no está protegiéndose de un ataque. Es en este preciso instante cuando hay que combinar la táctica defensiva con una buena ofensiva.

Para salir airoso de esta primera batalla, uno debe observar con suma atención la situación y preguntarse, cuando el contrincante ha realizado su movimiento, «¿cuál es ahora la pieza vulnerable?». Y, a la vez: «¿dónde puedo colocarme para amenazar a mi contrario, debilitar sus defensas y acercarme a su rey?». Hay que estar permanentemente atento a los puntos flacos del juego del oponente y construir la ofensiva a partir de ellos.

Habrá muchas ocasiones en que las propias piezas estarán siendo atacadas. Entonces existen dos opciones; salir de su camino o sacrificar la pieza si el agresor tiene más valor y existe la posibilidad de capturarlo a continuación. Si el agresor es, por ejemplo, un alfil que se proponía matar un peón contrario y hay una torre protegiendo al peón, el alfil va a pensárselo dos veces antes de capturarlo. ¿Por qué? Porque si después es capturado por la torre contraria, habrá efectuado un pésimo cambio.

Tampoco deben realizarse intercambios de piezas (aunque fueran favorables) cuando el resultado implica que el enemigo entrará muy profundamente en el propio campo. Existen estrategias en este sentido, llamadas «gambitos», al abrir el juego, que permiten el sacrificio de algunas piezas a cambio de poner las propias en una situación ventajosa. En esta línea, se aconseja no cambiar alfiles por caballos al principio del juego.

La fase inicial, a la vez que implica la colocación de ataque también requiere idear el plan de ataque: es mejor no dejar toda la responsabilidad ofensiva a una única pieza. El plan debe tener en cuenta las diferentes piezas y definirlas todas para el ataque.

En cuanto a éste, es preferible mover ambos lados a la vez y no traspasar la mitad del tablero. Y, sobre todo, nunca hay que dejar que el enemigo trace una línea de ataque abierta hacia el propio rey.

Desarrollo del juego

Hacia la mitad del juego, los jugadores intentan capturar las piezas enemigas para reducir el poder de ataque del enemigo. Sin embargo, nunca hay que dejar de lado el objetivo último, que es llegar al jaque mate; dicho de otra manera, si las capturas no revierten en la debilidad del oponente y no abren camino hacia el rey, no tienen sentido.

Este es el momento en que el jugador debe esgrimir todos sus recursos, en el que se producen más variedad de movimientos y configuraciones; los ataques no amenazan una sola pieza (la lucha uno contra uno es demasiado fácil), sino que se ciernen sobre varias piezas y obligan a protegerlas a la vez, cosa realmente difícil.

Sin embargo, existen unas formas de ataque estándares que ayudan enormemente en la captura de las piezas enemigas. Uno de ellos es el *fork*, que se produce cuando el contrincante ataca dos piezas a la vez y el amenazado sólo podrá salvar una de ellas. También está el *skewer*, que plantea el dilema en el cual dos piezas situadas en la misma línea están amenazadas y ninguna puede moverse sin dejar a la otra a disposición del agresor. Y estrechamente relacionada con la anterior, el *pin*, en el que una pieza de menor valor es amenazada y queda inmovilizada para salvar una pieza de mayor valor que tiene situada detrás. Piezas como el rey o los peones, o incluso el caballo, no pueden participar en estas tácticas, ya que sus recorridos son demasiado cortos.

Otra forma de ataque muy utilizada es el «jaque descubierto», que se produce cuando una pieza se mueve de su camino para dejar paso a otra pieza que plantea un jaque al rey. Como el contrario deberá poner a salvo al rey en la próxima jugada, el agresor tiene la captura garantizada.

Fase final

El comienzo del final llega cuando sólo quedan unas pocas piezas y algunos peones. Muchos consideran que realmente comienza cuando las dos reinas han sido capturadas.

En este punto del juego, los peones se vuelven muy valiosos. Si uno puede «coronar» la reina, tiene enormes posibilidades de ganar. El rey también adquiere en este momento un papel especial: puede dejar su ubicación protegida en la esquina y avanzar hacia el centro, sin temer ser atrapado, para jugar como una pieza más.

En resumen: la clave al principio es colocar bien las piezas; a mitad del juego, realizar un ataque coordinado, y al final, jugar con precisión.

CUÁNDO TERMINA EL JUEGO

El juego termina:

♦ Cuando se produce un jaque mate a uno de los dos reyes.
♦ Cuando se fuerza al oponente a desistir.

Tanto el jaque mate como la renuncia pueden producirse en cualquier momento durante el transcurso del juego.

♦ Cuando se decide un empate o «tablas», es decir, el juego no termina con la victoria de uno de los jugadores.

El empate es más frecuente de lo que parece y abarca un buen número de posibilidades:

♦ El jugador al que le corresponde mover no pueda realizar ningún movimiento.
♦ Ningún jugador tiene suficientes piezas como para forzar una situación de jaque mate.
♦ Un jugador puede poner al rey siempre en jaque (jaque continuo), pero nunca llegar al jaque mate.
♦ Durante cincuenta movimientos de cada jugador no se ha realizado ninguna captura o «coronación» de peón.
♦ Se produce la misma situación tres veces, «siempre que sea el mismo jugador el recurrente. En este caso, el derecho a reclamar tablas está en manos del jugador que puede mover la pieza y culminar la repetición.

◆ Ambos jugadores acuerdan llamar «empate» a la partida.

Juego comentado

A las blancas, que son las que abren el juego, se les atribuye un papel mucho más ofensivo que a las negras. De ellas se espera que tomen la iniciativa, y de las negras, que se defiendan. En algunas ocasiones, como la que ilustramos a continuación, este papel no está tan claro ni delimitado y son las negras las que consiguen cambiar el devenir de la partida y triunfar.

En esta ocasión aparentemente se ha llegado a una situación de empate; ambos jugadores cuentan con peones, una torre, la reina y, evidentemente, el rey.

Sin embargo, la colocación de las piezas negras le otorgan cierta ventaja sobre las blancas, ya que disponen de una mayor maniobrabilidad, dominando mayor espacio del tablero.

◆ **Negras:** el peón de la reina avanza un escaque hasta 4d. (Jugada interesante: de esta manera conseguimos que la reina blanca, que en la posición actual defiende a su torre, se vea obligada a desplazarse y, por tanto, dejar desprotegida a la torre, que está amenazada por la torre negra.)
◆ **Blancas:** la reina blanca retrocede en diagonal hasta la posición 1a. (Es la única jugada que le permite seguir defendiendo a la torre.)
◆ **Negras:** la reina negra avanza hasta la posición 5f. (La intención de esta jugada es seguir acosando a la torre blanca.)

- **Blancas:** el peón blanco situado en *2a* se mueve dos escaques, encontrándose en la posición *4a*. (El objetivo es que la reina adquiera mayor movilidad.)
- **Negras:** la reina negra captura el peón blanco situado en la posición *2c*. (De esta manera pretende seguir amenazando la posición defendida por la torre blanca.)
- **Blancas:** la reina blanca se coloca en la posición *1c*. (Así amenaza a la reina negra desde una posición de seguridad, ya que está defendida por su propia torre.)
- **Negras:** el peón negro situado en la casilla *4d* avanza una casilla hasta *3d*, defendiendo a su propia reina. (La reina negra estaba indefensa.)
- **Blancas:** el peón blanco situado en *4a* avanza hasta la posición *5a*. (Es un movimiento a la espera de la ofensiva negra.)

♦ **Negras:** el peón negro situado en la posición *3d* avanza hasta la posición *2d*. (Las blancas no han caído en la cuenta de que el peón negro poda amenazar al mismo tiempo a la reina y a la torre.)

♦ **Blanca:** ante la doble amenaza, las blancas deciden matar el peón con la reina. (El jugador blanco ha cometido un error fatal para sus intereses.)

♦ **Negras:** la reina negra captura a la reina blanca.

En el punto del juego que muestra la figura de la página anterior, el jugador de las piezas blancas reconoce la derrota. El vencedor es el ejército negro ya que, aunque su adversario pudiera evitar el jaque mate en la próxima jugada moviendo los peones que defienden al rey, las negras matarían la torre blanca, baja que no dejaría posibilidad alguna al ejército blanco.

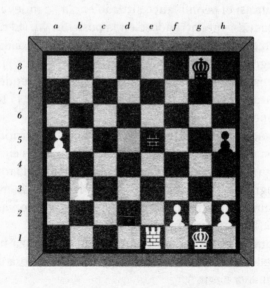

Backgammon

Historia

El backgammon es un juego muy antiguo que, bajo diversas apariencias, ha sido y está siendo jugado en casi todo el mundo. Sus orígenes se remontan a la prehistoria, probablemente a la civilización sumeria (5000 a.C.); también se conocen antecedentes suyos en Grecia y Roma. Hasta la Edad Media no se introdujo en Europa.

Desde que fue inventado, su auge ha sido imparable; además, la pasión por este juego va revitalizándose continuamente. Su historia está repleta de altos y bajos; incluso sobrevivió largo tiempo en la oscuridad debido a la persecución a la que lo sometió la Iglesia por su carácter de juego de azar. El resultado de este ataque fue curioso: en el siglo XVIII se había convertido en el juego favorito de los vicarios rurales de toda Inglaterra.

Y fue por aquel entonces cuando comenzó a llamársele backgammon (se supone que de *back* y *gamen*, *que* significan «atrás» y «hombre», respectivamente, en inglés medieval). Este término es el que se erigió en triunfador sobre todas las formas que Europa utilizaba para denominar el juego; así, en Escocia se llamaba *dammon*, los franceses lo conocían como *tric-trac* (a causa del ruido que hacen los dados al lanzarlos); los italianos, *tavola reale;* los españoles, tablas reales, y los alemanes, *puff.*

Parte del vocabulario que comprende el universo del backgammon pervive, sin embargo, desde etapas muy anteriores a la del nombre. Por ejemplo, el tablero de juego se divide en «tablero interior» y «tablero exterior», aunque el exterior actualmente suele identificarse como «tablero casa» (así lo llamaremos al referirnos a él en estas páginas).

La separación entre interior y exterior se remonta a épocas lejanas cuando, en el momento de ubicar las fichas, el tablero interior era tradicionalmente colocado más cerca de la luz, fuera la de la ventana o la de gas. Hoy día, el problema de la iluminación ya no existe y el tablero interior está a la derecha de las blancas y a la izquierda de las negras.

El siglo XX añadió al backgammon un atractivo insospechado: el dado de apuestas, del que hablaremos más adelante.

FICHA TÉCNICA

♦ **Jugadores:** dos.
♦ **Material:** un tablero, dos dados, un dado de apuestas (que contendrá en sus caras los números 2, 4, 8, 16, 32 y 64), 15 fichas blancas y 15 fichas negras. El tablero, rectangular, se divide en 24 secciones o casillas, 12 en el lado de las blancas y 12 en el de las negras. Cada sección está coloreada alternativamente de rojo y negro. En la parte central, separando las

secciones en dos mitades, existe un espacio muerto llamado «barra».

♦ **Dificultad:** es un juego muy sencillo de aprender y de jugar. Los movimientos básicos son fáciles de realizar, pero articular toda la estrategia puede resultar muy complejo. Uno de los principales atractivos del juego es que suerte y habilidad corren a la par.

♦ **Duración de una partida**: si se juega en solitario una partida puede durar 20 minutos; una partida normal puede ocupar varias horas.

♦ **Objetivo:** colocar todas las fichas propias en el tablero casa y después rescatarlas (es decir, sacarlas del tablero).

REGLAS

El inicio de la partida

Los jugadores, designados como blanco y negro, se sientan con el tablero situado horizontalmente entre ellos.

El tablero, con las fichas en posición de salida, está ilustrado en el siguiente gráfico. Las casillas que conforman el tablero casa suelen numerarse del 1 al 6, y las que constituyen el tablero exterior, del 7 al 12.

Para comenzar la partida las fichas se colocan de la siguiente manera: las blancas emplazan 2 fichas en *N1*, 5 fichas en *B6*, 3 fichas en *B8* y 5 fichas en *N12*. Las negras ubican 2 fichas en *B1*, 5 fichas en *N6*, 3 fichas en *N8* y cinco fichas en *B12*.

Las fichas negras deben realizar el recorrido que va desde el tablero casa de las blancas hasta su propio tablero casa; las fichas blancas efectúan el mismo recorrido a la inversa, es decir, desde el tablero casa de las negras hasta el suyo. Los dos grupos de fichas son, en conclusión, desplazados en direcciones opuestas y se cruzan hasta llegar a sus respectivos destinos. Y ese es uno de los grandes atractivos del juego.

Una mirada a la posición de apertura evidencia que cinco de las fichas de cada jugador ya están en su tablero casa; son diez las que deben llegar a él. Los «corredores» o «retrasados» son las dos fichas que colocamos en la primera casilla del tablero casa contrario, las más difíciles de rescatar.

Para comenzar el juego, cada jugador tira los dados. La persona que consigue el número más alto elige el color, blanco o negro, y toma el valor de sus dados como número de salida en el primer movimiento.

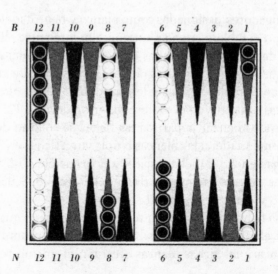

Los dados y sus secretos

Cada dado da la posibilidad de avanzar una ficha el número de puntos marcados en su cara. A partir de ahí, hay múltiples posibilidades y combinaciones:

◆ El jugador puede mover dos fichas, una por cada dado, o utilizar toda la puntuación para mover una única ficha. Es muy importante el orden en que se utilicen ambas puntuaciones en este último caso, es decir, no es lo mismo un 5+1 que un 1+5.

◆ El jugador debe mover siempre que sea posible, aunque la tirada implique aterrizar en un punto desfavorable. También está obligado a mover el número completo del dado o a perder la tirada.

◆ El jugador puede verse obligado a usar el número de un solo dado (y perder la puntuación del otro); en el momento de elegir, siempre debe optar por el número más alto.

◆ Si un jugador consigue un doble con los dados, el número se dobla. Así, que los dados arrojen 2 y 2 implica que el jugador dispone de cuatro posibles movimientos (combinables): 2-2-2-2. Por ejemplo: puede avanzar una sola ficha 8 casillas; puede avanzar una ficha 2 casillas, y otra, 6 casillas; puede avanzar una ficha 4 casillas, y dos fichas, 2 casillas cada una; puede avanzar cuatro fichas 2 casillas cada una, etc. A causa del devenir del juego, si el jugador no puede usar todos los dobles deberá hacer efectivos tantos de ellos como le sea posible.

◆ Cuando el jugador no puede utilizar ninguno de los puntos obtenidos pierde el turno.

◆ El jugador no podrá saltar una barrera (dos fichas enemigas en una casilla) utilizando la suma obtenida con los dos dados si la cifra de uno de ellos no es superior al número de la casilla donde está ubicada la barrera.

Desarrollo del juego

Las fichas siempre circulan hacía adelante, nunca pueden ir hacia atrás. Se mueven a lo largo de las casillas según el resultado del dado y quedan depositadas en la base de cada triángulo después del movimiento. Un jugador puede tener tantas fichas como desee (incluso todas) en una casilla. Existen dos casos especiales:

◆ **Barrera:** se produce cuando hay dos fichas en una casilla; ésta queda cerrada o bloqueada tanto tiempo como las dos fichas permanecen allí. Durante este período, ninguna ficha enemiga podrá ocupar la posición; podrá saltar por encima, pero no aterrizar en ella.

En caso de que los dados le den vía libre hacia una casilla ocupada por dos fichas contrarias, el jugador deberá buscar un movimiento alternativo o no hacer ninguno.

◆ **Ficha suelta** *(blot)*: sucede cuando hay una única ficha en una casilla. El adversario puede matarla si los dados le dan la puntuación exacta para que su ficha aterrice en la misma casilla. La ficha matada se coloca en la barra existente en el centro del tablero.

Si un jugador ocupa con fichas diversas casillas en fila realiza lo que se llama una encerrona o *prime,* cuyo objetivo es obstaculizar totalmente el paso de cualquier ficha enemiga. Dicho de otra manera, si uno de los jugadores cubre sus seis primeras casillas (todo su tablero casa bloqueando completamente la reentrada de las fichas contrarias), el jugador que tenga una ficha en la barra no tendrá ni siquiera la opción de tirar los dados y perderá sucesivamente su turno hasta que la encerrona se rompa por el interés de su contrincante.

Esto se debe a que, cuando una ficha está en la barra, sólo puede volver al juego encontrando una casilla libre en el tablero casa de su oponente. Es importante puntualizar que el jugador está obligado a ponerla en juego antes de efectuar ningún movimiento con las otras fichas, por eso es extremadamente importante tener suerte y liberarla en seguida.

Si el jugador no puede poner la ficha en juego a causa de la presencia de fichas contrarias en las casillas del tablero casa contrario, pierde su turno.

Cuando, con uno de los dados, se obtiene la puntuación necesaria para reintegrar la ficha en el juego, el número del otro dado puede servir para seguir avanzando la ficha recuperada o para mover otra cualquiera. ¡Incluso podría darse el caso de que la ficha prisionera matara una ficha contraria y la enviara a la barra en la misma jugada!

El rescate

Cuando el jugador tiene las 15 fichas en su tablero casa, distribuidas entre las casillas 1 y 6, puede comenzar a rescatarlas y sacarlas del tablero.

Esta etapa parece fácil, pero es la que exige mayor habilidad y sutileza. Es en este momento cuando se pueden cometer errores que conduzcan a la derrota.

Cada vez que el jugador tira el dado puede rescatar fichas en relación con las cifras obtenidas. Si, por ejemplo, consigue un 2-3:

♦ Puede rescatar una ficha que se encuentre en la casilla 2 y otra en la 3.
♦ Puede mover sus fichas dentro de su propio tablero casa, sobre todo las que estén en peligro de ser matadas por el contrincante.
♦ Si todas las casillas por encima del número están vacías, el jugador puede rescatar la ficha situada en la casilla con el número más alto. Si, por ejemplo, ha obtenido un 5-6 y tiene una ficha en la casilla número 4 y otra en la número 2, puede rescatar ambas.
♦ Si una ficha es matada durante el proceso de rescate y va a parar a la barra, deberá volver a entrar en el tablero casa contrario describiendo de nuevo el recorrido establecido. Hasta que no lo termine, no es posible reanudar el rescate.

Situaciones de rescate
Hay tres tipos de posiciones:

♦ Ambos jugadores han colocado ya todas sus fichas dentro de sus propios tableros casa. No hay, por tanto, posibilidad de que se eliminen. Han entrado en la recta final.

Este es el instante en que cada jugador debe realizar una evaluación sobre las tiradas que necesita para rescatar todas sus fichas; si un jugador deduce que aventaja como mínimo en dos tiradas al contrario y tiene el dado de apuestas en sus manos, puede arriesgarse a doblar.

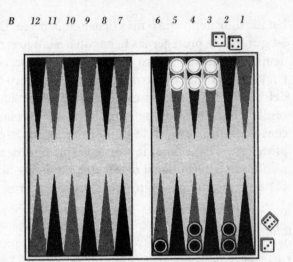

El gráfico que se muestra ayudará sin duda a aclarar dudas.

Ambos jugadores están a punto de rescatar sus fichas. Las blancas consiguen un 4-4, lo que permite rescatar las dos fichas situadas en la casilla *N4*. Con los puntos restantes debe conformarse con mover las fichas que están en la casilla *N5* hasta la *N1*.

Las negras arrojan un 6-3. Tiene dos posibilidades: o usa el 6 para rescatar la ficha que está en la casilla *B6* y el 3 para desplazar la ficha de la casilla *B4* a la *B1;* o con el 3 mueve desde la *B6* hasta la *B3*, y como el 6 es imposible de llevarlo a cabo, puede rescatar la ficha más lejana, una de las de la casilla *B4*.

Esta es un poco la puesta en práctica del rescate. Sin embargo, la suerte no está echada; ambos necesitan desesperadamente dobles que faciliten su liberación. Pero los dados no siempre responden...

◆ Un jugador tiene una o más fichas en la barra. Debe asegurarse de proteger las fichas que están jugando, de manera que el tablero casa sea seguro para ellas.

◆ Un jugador ocupa una o dos casillas del tablero casa del adversario cuando éste ya ha comenzado el rescate. El contrario intentará llevar sus propias fichas hacia las casillas de números más bajos para protegerlas. Para ganar la partida, el primer jugador sólo tiene la posibilidad de matar una de las fichas del contrincante para retrasar el proceso de rescate.

Doblar las apuestas

No se sabe a ciencia cierta quién introdujo esta regla, pero el cambio transformó notablemente el juego y le confirió una mayor emoción en todo momento.

Antes de iniciarse la partida, los jugadores fijan las apuestas sobre el botín que se llevará el ganador. Estas apuestas se pueden doblar durante el transcurso de la partida.

Ello se produce cuando, antes de ejecutar su turno de tirada, un jugador dobla la apuesta y el otro la acepta. En ese punto, el jugador que apostaba pasa el dado, con el número 2 en su cara superior, al que aceptó. A partir de entonces, sólo este último podrá doblar de nuevo la apuesta, y entonces deberá entregar el dado a su contrario con el 4 boca arriba, y así sucesivamente.

Sin embargo, si un jugador no acepta la apuesta, la partida se da por terminada y el que dobló se lleva lo apostado inicialmente.

El dado de apuestas es un factor a tener en cuenta en la estrategia de la partida. Incluso al calcular las posibilidades de ganar, uno debe pensar en qué manos está el dado. El jugador que está en posesión del dado de apuestas posee una arma potencial contra su enemigo, ya que se reserva la ventaja táctica que supone la opción exclusiva de doblar y, frecuentemente, de forzar el final de la partida si la evolución del juego así lo aconseja.

Por ejemplo:

- Es mejor no doblar demasiado pronto y tener la valentía de rehusar el dado a tiempo de detener las pérdidas.
- Si el oponente dobla muy pronto en el juego y uno calcula a su favor aproximadamente el 25% de probabilidades de ganar, es preferible tomar el dado a perder el juego. En tal caso, el devenir del juego puede tener altibajos y hay tiempo para recuperarse.
- Cuando ambos jugadores están igualados, el poseedor del dado puede doblar cerca del final del juego para forzar a su oponente a elegir entre una puntuación baja y ganar el juego.

Si uno piensa que tiene más del 50% de probabilidades de ganar es un buen momento para devolver el dado al oponente. Aunque lo pone en sus manos, cosa arriesgada, también revierte en mayor ganancia en caso de ganar.

JUGADAS Y MOVIMIENTOS

Movimientos de apertura

Aunque no existe una fórmula magistral para plantear una buena apertura, lo que queda claro es que acertar en los primeros movimientos otorga una cierta ventaja inicial.

Es importante fijarse en la primera tirada que realiza el adversario y preguntarse: «¿la ha usado para cubrir una nueva casilla en su tablero casa o la ha repartido entre las fichas retrasadas?». En el primer caso es esencial que el primer jugador controle sus propias fichas, ya que la pérdida de una de ellas supondría el grave riesgo de verse bloqueado. En el segundo caso, también las fichas sueltas corren peligro, ya que las adversarias rezagadas podrían eliminarlas. Conclusión: hay que vigilar siempre las fichas sueltas del adversario.

Existen tres formas básicas de aproximarse a la consecución del backgammon; sin embargo, la regla estratégica básica es la siguiente: «cuando estás en cabeza, avanza todo lo rápido como puedas; cuando estás detrás, pisa los talones a tu enemigo tanto como puedas».

Juego de recorrido rápido (running game)

Consiste en intentar avanzarse al enemigo colocando las fichas en casa y liberándolas antes de que lo haga el otro. El objetivo es acelerar el recorrido de manera que no haya que perder tiempo matando fichas adversarias sueltas o intentando impedir su progreso. Esta estrategia, que confía mucho en la suerte del dado, es un buen método si se han conseguido tiradas altas al comenzar.

El jugador que aplica este recurso intentará también proteger las propias fichas moviéndolas hacia casillas que ya tienen otras fichas, y cuando sólo quedan dos en una casilla, desplazándolas juntas cuando obtenga dobles.

Cuando se trata de recorrido rápido existe una casilla especial que conviene asegurar desde el principio:

es la número 5, y constituye un apoyo excelente para las fichas que se dirigen al tablero casa; al mismo tiempo, junto con las casillas 6 y 8, es un buen punto de bloqueo de las fichas contrarias.

Lucha de posiciones

Se da cuando las fuerzas están equilibradas. Cada jugador intenta, al principio, matar las fichas sueltas del otro para retrasar su avance mientras él establece puntos fuertes.

En la lucha de posiciones los corredores o retrasados enemigos adquieren una gran importancia; sobre todo si se encuentran dentro del propio campo. Representa el momento de crear una «encerrona» en la casilla número 6 para impedirles el paso. Y a la vez, si el juego lo permite, ocupar la casilla 6 del contrario para evitar que construya una «encerrona».

Juego de bloqueo (block game)

El jugador intenta bloquear al oponente en cada turno cerrando casillas tan frecuentemente como le es posible; también desplaza las propias fichas en grupos de dos sobre el tablero y su objetivo último es construir una «encerrona» imposible de franquear.

Se trata de un juego defensivo que gradualmente deviene en carrera para llevar las propias fichas al tablero casa; se produce cuando el adversario se ha adelantado en la lucha de posiciones. Entonces, en vez de avanzar rápidamente, el jugador intenta matar las fichas del contrario para que pierda tiempo sacándolas de la barra, y también persigue ocupar sus casillas para impedir su avance.

Por esas razones es tan importante montar una «encerrona»; si forma una en los tableros casa y exterior puede impedir al contrario mover las fichas atrasadas.

Matar fichas sueltas también es una prioridad en el juego de bloqueo: se ha calculado que cada jugador necesita un promedio de tres tiradas para sacar la ficha de la barra; y a ello habrá que sumarle todo el recorrido hasta llegar al tablero casa propio.

Juego de retardo (back game)

Se usa cuando ha fallado el bloqueo del avance del adversario y éste va notablemente aventajado en el juego. Es una maniobra desde la retaguardia.

El jugador, en lugar de correr a la cabeza, intenta ubicar sus propias fichas en el tablero casa del contrincante, especialmente en las casillas 1 y 2. También busca matar las fichas de su adversario para, una vez ocupados sus puestos, hacer más difícil su rescate.

El esfuerzo, por tanto, no está tanto en mover las propias fichas alrededor del tablero como en cubrir las casillas en el tablero casa del rival (primero con las fichas retrasadas y, luego, con las sueltas que van siendo eliminadas). Cuando el rival termine el recorrido y entre en su tablero casa se constituirá en una diana perfecta y lo más probable es que acabe en la barra; una vez va a parar a la barra, su vuelta puede resultar muy difícil.

Normas de urbanidad en el tablero

Como en el ajedrez, hay unas formas sagradas de mantener la etiqueta:

♦ Cada jugador tira los dados sobre la mesa en el espacio que queda a su derecha.
♦ Si el dado quedara sobre una ficha o inclinado al final del tablero resultaría tirada nula y debería ser repetida. Igual ocurriría si el dado cayera en el otro tablero o fuera de él.
♦ Los dados permanecen en la posición de su caída hasta que se ha efectuado el movimiento de las fichas.

ESTRATEGIA

Uno de los principales desafíos que plantea el juego del backgammon es obstaculizar la ruta que el jugador prevé que seguirá su adversario y frenar, así, su avance. Al mismo tiempo, debe asegurar la protección de sus propias fichas.

Bajo estas premisas, estrategas del backgammon han delimitado unas líneas de actuación preferentes.

Un jugador debe cerrar su casilla número 5 tan pronto como le sea posible; luego debe cerrar la 7, y la siguiente en prioridad es la 4.

En el área defensiva, el jugador se beneficiará si ocupa las casillas 7 y 5 de su adversario.

En cada tirada, los objetivos a cubrir serían los siguientes:

♦ Intentar mover el mayor número de fichas posible para cerrar casillas (especialmente si son consecutivas).
♦ Ocupar la casilla número 5 del tablero casa o la del oponente.
♦ Colocarse en la propia casilla número 7.

- ◆ Ocupar las casillas de su tablero casa.
- ◆ Mover inmediatamente los corredores (las fichas que están en la casilla 1 del jugador contrario); de esta manera no se verán bloqueados. Es mejor avanzarlos hacia la casilla 5 o 7, desde donde impedirán que el jugador contrario entre en su tablero casa.
- ◆ No amontonar fichas en *un* punto, apilando siete u ocho. Aunque está permitido dentro del juego lo único que hace es limitar los movimientos y deja muchas fichas fuera de juego. Es mejor usarlas para cerrar casillas contra el contrincante ó hacerlas llegar a la propia casa.

Las fichas sueltas pueden resultar peligrosas

Las fichas sueltas enemigas son una constante tentación y también un objetivo. Sin embargo, antes de eliminarlas hay que estudiar cuidadosamente la situación. Hay un momento en que cualquier error puede ser fatal por el tiempo de retraso que implica.

Nunca se debe matar una ficha enemiga en el propio tablero casa a menos que el jugador esté seguro de que puede cerrar la casilla tan pronto como la captura se realice porque la ficha contraria, una vez en la barra, debe entrar en el tablero casa de su contrincante, y una ficha suelta es allí muy vulnerable.

No hay que exponer una ficha en solitario a menos que la maniobra del oponente al matar la ficha sea más arriesgada. También hay que tener cuidado con los señuelos que pueda poner el contrincante.

Cuando el jugador deja una ficha suelta es preferible aislarla. Por ejemplo, si está ocho puntos lejos del oponente más cercano, el jugador contrario tendrá que usar ambos dados para matarla (y en una tirada de dos dados, el número 7 es el más probable). Si es imposible aislarla, otra estratagema consiste en situarla justo a un espacio del contrario.

En general, que maten una ficha al principio del juego es mejor que al terminar el recorrido, cuando uno ya está dispuesto al rescate.

Si a un jugador le interesa más efectuar otra jugada, no está obligado a matar la ficha del contrario, aunque ésta esté bajo amenaza.

Aunque dejar una ficha suelta resulta peligroso, tampoco es bueno realizar un juego excesivamente protector porque si el jugador no se arriesga a dejar una de sus fichas en solitario, difícilmente podrá ganar la partida. Se trata de calcular bien el peligro en el momento de ponerla bajo riesgo.

Cuándo termina el juego

Cuando uno de los jugadores ha rescatado todas sus fichas gana la partida, pero no el juego. El juego completo se resuelve cuando uno de los contrincantes consigue 10 puntos (aunque el acuerdo sobre este número puede ser negociado libremente por los jugadores, en especial si se está jugando con el dado de apuestas).

Puntuación

- Una partida ganada puntúa 1 punto.
- Si un jugador rescata todas sus fichas antes que el otro jugador pueda rescatar ninguna de las suyas,

consigue un *gammon,* que dobla el valor del juego; es decir, la partida puntuará 2.

♦ Si el otro jugador todavía tiene alguna ficha jugando en el tablero casa del ganador o en la barra, es un *backgammon,* y el valor de la partida se triplica; es decir, la partida puntúa 3.

El dado de apuestas multiplica el resultado final por el número que marque su cara.

También es posible puntuar sobre la base de cuántas fichas del contrincante quedan en el tablero después de que el ganador haya liberado las 15 fichas. Se otorga al ganador: 1 punto por cada ficha en el propio tablero exterior, 3 puntos por cada ficha en el tablero exterior del contrario, y 4 puntos por cada ficha en el tablero casa del ganador.

Cluedo

HISTORIA

Este juego fue inventado por un clérigo inglés, Anthony Pratt, en los años cuarenta y se ha constituido en uno de los más populares para disfrutar en familia. Cada jugador, en el papel de «detective de sillón», debe utilizar sus facultades de deducción para descubrir cuál de los sospechosos es el culpable, con qué arma cometió el asesinato y dónde lo llevó a cabo.

FICHA TÉCNICA

- ◆ **Jugadores:** de tres a seis.
- ◆ **Material:** tablero (que representa el plano de una casa), dados, un bloc de notas, cartas y fichas de colores. Juego comercializado bajo el nombre de Cluedo.
- ◆ **Dificultad:** es fácil de aprender y muy divertido para jugar en familia. Implica una cierta estrategia y también suerte.
- ◆ **Duración de una partida**: unos treinta minutos.

♦ **Objetivo:** ser el primero en descubrir, a través de la deducción y la eliminación, al asesino del Dr. Lemon, propietario de la casa, y también en cuál de las nueve habitaciones de la mansión fue asesinado y cuál de las seis armas fue utilizada.

REGLAS

Los protagonistas

♦ El tablero de juego que reproduce la mansión donde ha tenido lugar el asesinato»

♦ Las seis personas que se encuentran en la casa en el momento del suceso y que, por tanto, son sospechosas, están representadas por las fichas de colores que proporciona el juego. Sus nombres se relacionan directamente con el color de la ficha. Así tenemos al marqués de Marina (ficha azul), el doctor Mandarino (naranja), el Sr. Pizarro (negro), la profesora Rubio (amarillo), la Srta. Amapola (rojo) y la Sra. Prado (verde)»

♦ Las seis armas, que incluyen el arma homicida, están representadas por objetos que se emplazarán durante el transcurso del juego en diferentes lugares del tablero, según las especulaciones o sospechas de los jugadores. Estas armas son: el puñal, el candelabro, la pistola, la porra, la cuerda y la llave inglesa.

Tanto los personajes, como los aposentos, y las armas están ilustrados en diversas cartas cuya oportunidad veremos más adelante. Completan el juego el Sobre del Asesinato (en el que se colocan las cartas con la combinación verdadera) y un bloc de notas en el que apuntar los descubrimientos que se van realizando en el transcurso del juego.

Se abre la partida

El tablero se coloca sobre la mesa con todas las fichas en la casilla de inicio.

Las fichas se emplazan en el tablero aunque no haya suficientes jugadores. Las armas se dejan aparte, a la espera de que los jugadores comiencen a formular sus hipótesis.

Cada jugador elige una identidad que se corresponde con la ficha ce un color. Cada jugador toma, asimismo, una hoja del bloc de notas, donde irá plasmando sus deducciones.

Se barajan por separado las cartas de las armas, de los personajes y de las habitaciones. Se coloca, de manera que absolutamente nadie las vea, una carta de cada montón dentro del Sobre del Asesinato.

De este modo, en el sobre se encontrará la solución del enigma.

El resto de cartas se barajan de nuevo todas juntas y se reparten entre los jugadores, independientemente de que unos reciban más que otros, y manteniendo el más estricto secreto en cuanto a su contenido.

Cada uno de los jugadores anotará las pistas que ha recibido en su hoja de notas, asegurándose de que nadie más puede ver el contenido.

Desarrollo del juego

La dinámica del juego consiste en arrojar los dados y mover la ficha de cada jugador a lo largo de las casillas del tablero a partir del número de puntos obtenido.

Una ficha no puede ocupar la misma casilla que un adversario ni pasar por encima de una que esté ocupada. Por contra, una habitación puede ser ocupada por el número de fichas y armas que exija el juego.

Los «pasajes secretos» (representados sobre el tablero) permiten que las fichas pasen de una sola vez de una habitación a otra. Este paso se realiza sin lanzar los dados, pero cuenta como un turno.

Las fichas y las armas movidas desde sus casillas para que se formule una sospecha no regresan, después, a su punto de origen; continúan su juego a partir de la nueva posición sobre el tablero de juego.

Cuando algún jugador llega a uno de los aposentos puede formular, si lo desea, una «sospecha»; ello significa conjeturar acerca del personaje y del arma que pueden haber protagonizado el asesinato. Para hacerlo, colocará la ficha que se corresponde con el personaje y el arma elegida en la casilla del aposento en el que se encuentra. Por ejemplo, si entra en el dormitorio puede reunir en el mismo espacio la ficha verde y el candelabro y afirmar: «Sospecho que el asesinato lo ha realizado la Sra. Prado con el candelabro en el dormitorio».

Efectuada la hipótesis, el jugador de la izquierda del acusador debe mirar sus cartas con atención y, si tiene una o más de ellas (o el dormitorio, o la Sra. Prado, o el candelabro, en este caso) debe mostrarle, sin que nadie más la vea, una única carta. Si el jugador de la izquierda no posee ninguna, será el siguiente jugador el que deberá mostrar una de las cartas implicadas que obre en su poder, y si no tiene ninguna, el siguiente.

Una vez ha sido mostrada la carta, el turno pasa al siguiente jugador, a menos que el primero decida plantear una «acusación».

Esta es, pues, la dinámica del juego: cada jugador da la vuelta al tablero, yendo de habitación en habitación; eliminando sospechosos, armas y aposentos de sus preguntas, y anotando las deducciones en su hoja de detective, hasta que alguien está preparado para realizar una «acusación».

Cuando un jugador cree conocer las tres cartas contenidas en el sobre (por ejemplo, si ha formulado una sospecha que nadie ha podido desmentir) puede arriesgarse, durante su turno de juego, a efectuar la «acusación».

El jugador debe escribir el nombre del sospechoso, el arma y la habitación en su hoja. A continuación puede mirar las cartas en el Sobre del Asesinato (de la forma más discreta para que nadie más pueda verlas).

Si su planteamiento era correcto y ha acertado los tres supuestos, debe enseñar las cartas confrontadas con lo escrito a los demás jugadores.

Si se ha equivocado, debe devolver las cartas al sobre y permanecer en el juego únicamente para responder a las hipótesis de los demás jugadores y enseñando sus propias cartas cuando sea necesario.

Un jugador, por tanto, sólo puede hacer una acusación durante una partida.

Movimiento de las fichas

♦ Los jugadores pueden mover sus fichas de colores sobre el tablero en cualquier dirección, aunque siempre el número exacto arrojado por los dados.

♦ Las fichas pueden avanzar o retroceder vertical u horizontalmente, pero nunca en diagonal.

♦ Las fichas entran y salen de las habitaciones por las oberturas que revelan las puertas.

♦ Una ficha no puede entrar y salir de una habitación en una misma jugada.

♦ Para llegar a una habitación no es imprescindible obtener una puntuación exacta. Si la habitación a la que se desea acceder está a cuatro casillas y el jugador consigue un 5, desestima el último número y se ubica en la cuarta posición.

Estrategia

Al principio del juego es preferible obtener tanta información como sea posible basando las sospechas en cartas diferentes de las que uno posee.

La primera regla, sin embargo, tiene sus contraindicaciones. Por razones de estrategia o, simplemente, para no «levantar la liebre», tal vez convenga engañar a los demás jugadores y construir una hipótesis a partir de una combinación de las propias cartas y de la necesidad de confirmar una sospecha. Por ejemplo, apostar por el arma de la que se sospecha con fuerza junto con dos cartas de personaje y aposento que uno ya posea. Si ninguno de los otros contrincantes es propietario de la carta del arma, el jugador habrá descubierto el arma homicida y puede concentrar sus esfuerzos en resolver las otras dos incógnitas.

Cuando se está prácticamente seguro de uno de los tres interrogantes resulta especialmente conveniente plantear hipótesis que confundan a los demás jugadores.

Cuándo termina el juego

En el momento en que uno de los jugadores puede formular una «acusación» acertada.

Damas

El juego de las damas apareció en el siglo XII, en Europa, cuando se fusionaron tres juegos: las fichas de las tablas, el tablero del ajedrez y los movimientos del alquerque. Antes de ser bautizado como damas, se llamó *fierges*, derivado del término *fers*, que era la denominación por la cual se conocía a la reina del ajedrez.

En sus orígenes, las reglas de juego eran muy diferentes; por ejemplo, capturar la pieza del contrario era opcional; más adelante se introdujo la obligatoriedad como regla y, antes de convertirla en estándar, se jugaba como una variante llamada *jeu forcé* (juego forzado).

Durante algunas épocas, el juego de las damas se vio desprestigiado por considerarlo de mujeres (el de hombres era el ajedrez).

Sin embargo, jugarlo bien implica una buena estrategia; los grandes jugadores llegan a planificar entre 15 y 20 movimientos por adelantado. Entre ellos destaca por su propio peso una figura mundial, el gran campeón de todos los tiempos en juego de damas, el estadounidense Marion Tinsley, que fue el mejor jugador del mundo durante cuarenta años y que murió habiendo perdido únicamente siete juegos.

Entre las numerosas variantes de las damas están las alemanas, en las que las piezas pueden ir hacia atrás para realizar capturas; las rusas, italianas y turcas, que usan el mismo tablero de 64 casillas pero que poseen reglas de juego diferentes; las polacas, que prefieren un tablero de 100 escaques; o las canadienses, que juegan en un tablero de 144 casillas.

Ficha técnica

- ◆ **Jugadores:** dos.
- ◆ **Material:** un tablero de 64 casillas alternando el color blanco y el negro (las fichas sólo se mueven por las zonas oscuras); y 24 fichas, 12 de color blanco y 12 de color negro. Algunos también añaden 3 fichas extras de cada uno de los colores.
- ◆ **Dificultad:** no ofrece tantas posibilidades como el ajedrez, pero es muy estimulante. Se puede jugar a partir de los 6 años.
- ◆ **Duración de una partida:** entre 10 y 30 minutos.
- ◆ **Objetivo:** capturar todas las fichas del oponente o inmovilizarlas de manera que no puedan moverse sin ser capturadas. Y, a la vez, llevar las fichas al lado opuesto del tablero para conseguir que sean «coronadas» reinas.

Reglas

El tablero se coloca entre los dos jugadores de manera que cada uno de ellos tenga una casilla blanca en la parte inferior derecha. Las fichas negras se alinean sobre las casillas negras de las tres primeras filas, y las blancas, en las tres primeras del contrincante; quedan vacías, por tanto, dos hileras centrales *(v. figura pág. siguiente)*.

Los jugadores deciden quién será el poseedor de las fichas negras (en la siguiente partida éstas se intercambiarán). El jugador «negro» comienza la partida moviendo una de sus fichas.

Una ficha puede desplazarse solamente un escaque a la vez y en diagonal; no puede moverse hacia atrás u horizontalmente, ni a derecha o a izquierda.

Las capturas

Si la casilla más próxima está ocupada por una ficha contraria, puede saltar por encima aterrizando en el escaque vacío que viene inmediatamente después (un jugador nunca debe saltar sobre sus propias fichas). La ficha sobre la cual ha saltado se considera capturada y debe ser retirada del tablero.

En un mismo movimiento, una ficha puede realizar varios saltos capturando dos o más contrarios; siempre que avance, no importa que zigzaguee a través del tablero.

Durante su turno, el jugador deberá capturar siempre que sea posible. Si puede elegir entre dos opciones no está obligado a decidirse por la que implica más capturas, pero una vez efectúa el movimiento, está obligado a capturar todas las fichas posibles.

Disposición inicial de las damas.

Si el jugador no realiza una captura cuando el movimiento era posible (incluso si ha sido por despiste), su contrincante puede ampararse en la regla del «soplo» para retirar del tablero la ficha que debería haber saltado. Muchas veces esta regla no se hace efectiva y todo queda en que el jugador equivocado rectifica y realiza la jugada correctamente. Un soplo no cuenta como turno de juego, de manera que después de llevarlo a cabo, el jugador podrá efectuar su tirada.

La coronación

Si una ficha consigue llegar hasta la última fila de su adversario, al otro extremo del tablero, es «coronada» como reina (para distinguirla se coloca otra ficha sobre ésta). La reina, aunque también avanza de casilla en casilla, puede moverse hacia adelante y hacia atrás y saltar en cualquier dirección. Sin embargo, también es susceptible de ser capturada, es decir, ¡no tiene inmunidad!

Si en el proceso de una captura, una ficha llega hasta la última fila, debe detener su captura para ser coronada.

Normas de urbanidad en el tablero

♦ Una vez el jugador ha tocado una ficha, debe moverla; si la ficha no puede jugar, el jugador pierde el turno.

♦ Cuando un jugador puede capturar varias fichas en una misma tirada, primero realiza los movimientos de saltar sobre el tablero y, una vez situada en su emplazamiento definitivo, retira del tablero todas las fichas capturadas.

♦ Para sobrevivir a jugadores inseguros hay una regla internacional: si el jugador que tiene el turno no lo ha hecho efectivo en 5 minutos, su oponente puede clamar: «¡Tiempo!». El jugador inseguro debe jugar en el siguiente minuto o pierde el juego.

JUGADAS Y MOVIMIENTOS

Poner trampas al enemigo

Este tipo de jugada, pensado para que el contrario emplace sus fichas en puntos susceptibles de ser capturadas, es propio de la mitad del juego. Si el jugador atacado dispone de suficientes fichas en el tablero, puede intentar una maniobra de distracción. Si no, está perdido.

Dos jugadas distintas para poner una trampa al enemigo: V-fork y manacle fork.

V-fork

Manacle fork

La configuración que obliga a ser más cauto es la conocida en inglés como *fork:* únicamente ofrece dos posibilidades de movimiento y, sea cual sea la elección, siempre culmina con una captura.

Existen dos tipos *de fork:*

- ◆ **Manacle fork:** dos fichas negras, por ejemplo, están en línea, separadas por una casilla vacía, y una pieza blanca se halla situada entre ambas en la fila contigua. Sea cual sea su movimiento, podrá capturar una de las dos negras.
- ◆ **V-fork:** dos piezas blancas alineadas frente a una negra, de manera que cuando ésta se mueva, irá a parar a manos de una o de la otra.

«Tener el juego»

No significa que el jugador tiene el turno, sino que su posición en el tablero está en clara ventaja sobre la del adversario. Dicho de otra manera, usando una buena estrategia tiene la partida ganada; el desarrollo de la partida le asegura la última tirada.

En esta situación, el jugador que está en desventaja puede sentirse realmente preocupado porque incluso recuperar el turno es peligroso: cualquier movimiento puede llevarlo a la debacle.

En general, esta situación, en la que uno puede albirar sus posibilidades, se da al final de la partida. Para saber quién tiene el juego en sus manos es preciso realizar un cálculo mental:

- **Si sólo quedan dos fichas, una propia y la del adversario**. El jugador debe contar las casillas existentes entre la ficha propia y la contraria.

  Si el número es impar, el jugador tiene la batuta. Debe intentar acercarse al contrario para bloquear su avance; probablemente tendrá la ocasión de saltar sobre él o, si lo acorrala en una esquina, podrá atraerlo al final. Si el número es par, tiene el juego el adversario. Entonces, la única esperanza es refugiarse en una doble esquina (que se corresponde con la que posee la casilla blanca en la parte inferior derecha de cada jugador) y permanecer allí hasta que el juego se dirima en empate.

- **Cuando hay más de dos fichas en juego**. Es preciso contar todas las fichas (de ambos colores) que están situadas en las columnas (no filas ni diagonales) del tablero que poseen una casilla blanca al final.

  Si el número resultante es impar y toca jugar al «blanco», él tiene el juego; si el número es par, es el «negro» quien tiene todas las posibilidades de ganar.

ESTRATEGIA

«Cuanto más rápido se capturan las fichas del contrario sin perder las propias, más pronto se gana». Esta es la regla de oro de las damas. Pero, obviamente, no es tan fácil decirlo como hacerlo.

Fase inicial

En general, realizar el movimiento de apertura no otorga una ventaja sobre el otro jugador, aunque ello no significa que los primeros desplazamientos de fichas no sean cruciales para el juego posterior.

La fase inicial se caracteriza por la captura ficha-ficha y el juego está alternativamente en manos de uno y de otro. Hay una serie de consejos a seguir:

♦ Es preferible guardar las propias damas y moverse hacia el centro del tablero, que es donde tienen mayor movilidad.

♦ Desplazar de inmediato las fichas hacia los extremos del tablero las limita, ya que desde allí sólo podrán moverse en una dirección.

♦ Mejor que adoptar criterios de posicionamiento es bloquear el avance del oponente y atraerlo hacia pequeñas trampas.

♦ No hay que descuidar la última fila propia; si una ficha adversaria llega hasta ella, será coronada reina. Para evitarlo es preferible mantener ocupadas sus casillas por las propias fichas el mayor tiempo posible. Este «puente» bloquea el avance enemigo.

Desarrollo del juego

A mitad de la partida hay que plantearse el avance del propio ejército, con la previsión de que el enemigo intentará realizar lo mismo con el suyo.

Antes de sumergirse en esta segunda fase es bueno tomarse un momento para analizar la situación del tablero y tratar de descubrir el plan de ataque del enemigo; de esta manera, el propio contraataque será más efectivo. Dicho de otro modo, nunca hay que realizar un ataque sin un plan previo; daría ventaja al adversario. En esta etapa es el momento de luchar por la coronación de las damas.

Uno debe aprender a conocer las trampas (las propias y las del contrario) intentando avanzar tiradas mentalmente. Es preciso planear con tiempo para, por ejemplo, forzar al oponente a caer en una casilla en la que será devorado por el jugador con un ataque de captura múltiple. Un intercambio en el que el jugador se lleva más piezas que el antagonista se llama, en inglés, *shot*.

Si el enemigo descuida su esquina doble o simple (son las esquinas del tablero) es el momento de atacar este punto débil.

Para gozar de ventaja hay que ubicar las fichas en la parte central del tablero y es vital que el enemigo no cruce la barrera. Si atraviesa las dos primeras filas, llegar a la última le resultará muy fácil.

Es muy importante mantener tantas fichas como el adversario sobre el tablero. La falta de una sola ficha puede convertirse en una desventaja infranqueable.

Conforme las fichas van menguando es preferible conservarlas concentradas y no dispersas.

Fase final

El final de partida acostumbra a implicar pocas fichas sobre el tablero. Es aquí cuando el jugador debe discernir quién posee el juego siguiendo los consejos mencionados anteriormente.

CUÁNDO TERMINA EL JUEGO

Un juego consiste en un número determinado de partidas, previamente acordado por los dos jugadores, de manera que ambos tienen las mismas oportunidades de tomar ventaja. Una partida termina:

♦ En victoria, cuando un jugador ha capturado todas las fichas del oponente o cuando el otro jugador no puede realizar ningún movimiento.
♦ En empate, si ningún jugador puede ganar.

Algunas veces sucede que ambos contrincantes tienen poquísimas fichas y son incapaces de atacar con éxito. Unas fichas rodean a las otras y asaltan sin tregua, pero sin posibilidad real de ganar. Es el momento de acabar la partida en tablas. Los empates son muy frecuentes en el juego de alto nivel.

VARIANTES DE LAS DAMAS

A pesar de que el método de juego que acabamos de reseñar sea el más jugado universalmente, existe una irresoluble polémica sobre cuáles son las auténticas damas.

Cada país conserva sus propios y genuinos juegos de damas con sus pequeñas diferencias.

Conocerlas es interesante porque, justo cuando el juego en sí comienza a resultar monótono de tanto jugar, se abre un mundo de nuevos retos y posibilidades.

Damas italianas

♦ El tablero se sitúa al revés, de manera que la doble esquina queda a la izquierda, en vez de a la derecha.

♦ La reina sólo puede ser capturada por otra reina.

♦ Cuando un jugador puede elegir entre dos jugadas con capturas, debe decantarse por la que implica más capturas. Y si la posibilidad de captura es la misma, debe tomar la ficha más poderosa.

Damas polacas, continentales o internacionales

Cuentan que este juego lo inventaron en París, hacia 1730, un oficial francés de la Guardia Real y su adversario habitual, un aristócrata polaco.

♦ El tablero se divide en 100 casillas y cada jugador dispone de 20 fichas en las primeras cuatro filas.

♦ Aunque las fichas sólo pueden moverse hacia adelante, para realizar una captura les está permitido retroceder.

♦ La reina puede viajar cualquier distancia a lo largo de las casillas vacías para efectuar una captura, aterrizando en el escaque vacío existente después de la ficha que es capturada. Si le resulta conveniente, puede aterrizar más allá y realizar una nueva captura, e incluso doblar la esquina para hacerlo.

♦ Si una ficha aterriza en la última fila de su adversario durante una captura, puede saltar hacia otra casilla para realizar otra captura. Al haber abandonado el escaque, no será coronada reina.

Damas canadienses

♦ Usa un tablero de 144 casillas con 24 fichas cada jugador.
♦ Sigue las mismas reglas que las damas polacas.

Damas alemanas o pool *español*

♦ Se juega con el tablero de 64 casillas y con 24 fichas, pero siguiendo las mismas reglas de las damas polacas.

Damas rusas

♦ Las normas son las mismas que las polacas, pero capturar no es obligatorio.
♦ En el caso de tener diferentes posibilidades de captura, el jugador no está obligado a realizar la que implica un mayor número de fichas.
♦ La coronación es obligatoria para cualquier ficha que alcance la última fila de su adversario, aunque después puede continuar su captura.

Damas turcas

♦ Usa el tablero de 64 escaques, cada jugador tiene 16 fichas repartidas en las segundas y terceras filas, quedando vacía la última fila de cada contrincante.

◆ Las fichas se mueven hacia adelante o de lado (no diagonalmente) y sólo una casilla en cada tirada (a menos que capturen).

◆ La reina puede moverse hacia adelante, atrás o lateralmente, cualquier número de casillas, tantas como haya vacías.

◆ Las capturas son obligatorias y el jugador debe efectuar las que le sea posible.

◆ Las fichas son retiradas a cada salto, y no después de toda la jugada.

◆ El juego se gana cuando se han inmovilizado todas las fichas del contrario o se ha reducido al oponente a una dama contra la propia reina.

OTRAS VARIANTES DEL JUEGO

Damas en diagonal

◆ Se colocan las fichas en el tablero comenzando desde la esquina, de manera que las propias diagonales negras se convierten en las filas de juego. Así, en la primera fila habrá dos fichas, en la segunda, cuatro, y en la tercera, seis, quedando una única hilera diagonal vacía entre ambos contendientes.

Damas en pirámide

◆ En el tablero de 64 casillas, cada jugador coloca 10 fichas en forma de pirámide: a partir de la esquina inferior izquierda (negra) y sólo en las casillas oscuras, cuatro fichas en la primera, tres en la segunda, dos en la tercera y una en la cuarta. En la situación de apertura no queda ningún espacio vacío entre los jugadores.

- ◆ El objetivo es situar todas las fichas en la pirámide contraria.
- ◆ Las fichas se mueven en diagonal, una casilla cada vez, pero no capturan.
- ◆ Se pueden saltar las fichas contrarias, pero no las propias.

Damas chinas

Historia

Este juego, a pesar de su nombre, ¡ni parece ser de origen chino ni tampoco se juega en un tablero de damas! Respecto a sus orígenes, se ha elucubrado largo y tendido y no queda claro si llegó de China a Europa o si fue Europa la que lo exportó hacia oriente.

Y respecto a su formato, nada menos parecido al tablero de ajedrez en el que resuelven las damas. Las damas chinas consisten en una estrella de seis puntas unida a través de una rejilla. Donde las líneas interseccionan, es decir, en los puntos, se colocan las fichas.

En el fondo, es una variante simplificada del juego denominado halma. En el halma, las fichas pueden moverse en ocho direcciones; en las damas chinas, solamente en seis. Ello redunda en una forma de jugar que requiere menos habilidad, pero de diseño más atractivo.

Ficha técnica

- **Jugadores:** dos, tres, cuatro o seis (nunca cinco).
- **Material:** un tablero y 15 fichas de diferente color para cada jugador.
- **Dificultad:** es un juego territorial; implica algo de estrategia. Sin embargo, no hace falta contar o deletrear, por eso está especialmente indicado para los pequeños de la casa.
- **Duración de una partida**: quince minutos.
- **Objetivo:** mover las quince fichas hacia la punta de la estrella directamente opuesta.

Reglas

- Los jugadores colocan las fichas en la punta de estrella que les corresponde. Si es un número par de jugadores las emplazarán en las puntas confrontadas de la estrella. Cuando se trata de tres jugadores, se alterna una punta llena y otra vacía, y cada uno juega únicamente con diez fichas.
- Se decide quién será el primer tirador. Luego, la dinámica se lleva a cabo a través de turnos en el sentido de las agujas del reloj.
- Cada jugador mueve una sola ficha durante su turno.
- Una ficha puede avanzar en cualquier dirección (adelante, atrás, en diagonal) para ir al punto vacío adyacente. Si éste está ocupado (por una pieza propia o del contrario) y vació el punto que hay más allá, la ficha puede saltar sobre la otra como en las damas (aunque en este juego no se captura). Si las demás fichas están colocadas apropiadamente, una

única ficha puede realizar varios saltos en un solo turno. Lo que no puede efectuar es moverse un punto y después saltar.

ESTRATEGIA

Una de las mejores estrategias es establecer una especie de «escalera» desde el propio campo del tablero hacia la otra punta, de manera que las fichas puedan recorrer grandes extensiones saltando varias veces y moviéndose lo máximo posible en un único turno.

En esta línea es imprescindible estar atento a las escaleras del oponente e intentar bloquearlas. Además, hay que tener en cuenta un aspecto muy importante: la propia escalera también puede ser utilizada por el adversario para llegar a su objetivo.

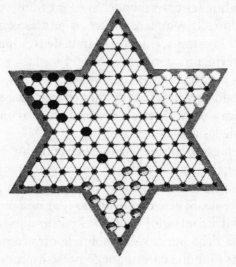

Tablero y fichas de damas chinas.

Cuándo termina el juego

Gana el primer jugador que coloca sus fichas en la punta de la estrella directamente contraria a la suya. Los otros jugadores pueden seguir jugando hasta que consiguen el objetivo.

Variantes

Se aplica una nueva norma en relación con los saltos: la ficha puede saltar más distancia que un único punto con la condición de que quede a la misma distancia de la que está de la ficha que salta, y que no exista ninguna otra ficha entre ambas.

Go

Historia

Se considera el juego más antiguo del mundo, y aunque es conocido universalmente con su nombre japonés, el go o *Wei-ch'i* tiene su origen en China. Las primeras referencias sobre este juego fascinante llegan del año 625 a.C, pero se cree que el go existe desde el 2000 a.C.

Ficha técnica

- ♦ **Jugadores:** dos.
- ♦ **Material:** un tablero de go, 180 fichas blancas, 181 fichas negras.
- ♦ **Dificultad:** engañosamente claro a la hora de jugar.
- ♦ **Duración de una partida**: de una a tres horas.
- ♦ **Objetivo:** capturar el máximo de territorio y también el máximo número de fichas del enemigo, desplegando una estrategia que permita ejercer el mayor dominio posible sobre la superficie.

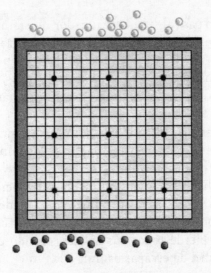

Tablero de go.

REGLAS

El tablero consiste en una rejilla de 19 x 19 líneas en cuyas intersecciones se emplazarán las fichas. Estas también pueden ser ubicadas en los puntos de los márgenes y de las esquinas del rectángulo. Repartidos uniformemente por el tablero existen nueve puntos resaltados que se consideran «estrellas».

El primer juego se inicia con el tablero vacío. En partidas posteriores, el perdedor puede comenzar con dos o más fichas sobre las estrellas como una pequeña sanción. Antes de comenzar, los jugadores sortean quién tomará las fichas blancas y quién las negras. Las negras siempre juegan primero:

♦ El jugador negro coloca una ficha en cualquier punto de la rejilla.

♦ El turno pasa al siguiente jugador, que también emplaza una de sus fichas en cualquier punto de la rejilla.

♦ A menos que las fichas sean capturadas, ya nunca se moverán de los lugares en que se han emplazado.

♦ Al ubicar sus fichas, el jugador debe intentar rodear las fichas del contrario y capturar los puntos o territorio que éste ocupe.

♦ Una ficha situada en una casilla vacía tiene cuatro «salidas» posibles (cuatro líneas *que* pueden conectarla con otros puntos). Una ficha es capturada cuando pierde todas sus salidas, cuando cualquier posibilidad de escapar es nula.

Esta situación no sólo se produce con una única ficha; también puede sucederle a un grupo de fichas que se vea completamente rodeado por el contrario. En el momento en que no tenga ninguna salida al exterior, el grupo será considerado «muerto» y retirado del tablero. El jugador que captura estas fichas se establece, por el momento, como propietario del territorio capturado.

El territorio en el extremo del tablero no puede rodearse completamente. Se considera capturado cuando está rodeado por tres lados y el extremo es el que completa la cadena.

Si una cadena de fichas rodea un grupo de fichas, pero entre las fichas rodeadas existe por lo menos una casilla vacía, a la que se denomina «ojo», el territorio no se considera capturado.

Estas reglas se ilustran claramente en las figuras siguientes:

A. Se trata de fichas individuales capturadas por el contrincante.

B. También se puede capturar un grupo de fichas.

C. Este grupo de fichas estaría vivo y sería intocable porque tiene dos ojos en su interior.

D. Este grupo de fichas estaría muerto en la siguiente tirada porque la ubicación de los dos espacios vacíos da como resultado una salida a las fichas que puede ser ocupada por una ficha del signo contrario.

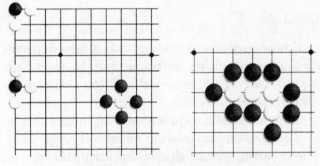

Ejemplos A (izquierda) y B (derecha).

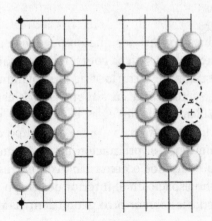

Ejemplos C y D.

Cuando una ficha, o bien un grupo de fichas, ha sido capturada y retirada del tablero, cualquier ficha puede ser colocada en el territorio vacío.

En cualquier momento, un jugador puede decidir pasar y no tirar.

JUGADAS Y MOVIMIENTOS

Prisioneros

Un jugador puede decidir no cerrar la cadena que mataría al grupo de fichas contrarias que prácticamente tiene rodeado, permitiendo que las fichas amenazadas conserven su última salida.

Serán consideradas «prisioneras» a menos que el otro jugador altere la situación durante el juego; al final de la partida, estas fichas serán capturadas.

Bastiones

Los bastiones son grupos que no pueden ser capturados porque cualquier ficha contraria que se añadiera al cerco para tratar de cerrarlo sería inmediatamente capturada. El secreto está en situar los ojos estratégicamente. En el apartado de reglas, el ejemplo C podría ser considerado un bastión.

Hay que tener la precaución de no formar grupos demasiado pequeños o demasiado compactos, y de no dejar mucho espacio en el interior del grupo porque el enemigo podría formar otro grupo dentro de él.

Suicidio

De acuerdo con la norma del suicidio, un jugador no puede colocar una ficha en su propio ojo, ya que ello significaría poner todo el grupo de fichas a merced de ser capturado. De la misma manera, sería un suicidio que el contrario colocase una ficha de su color en el ojo del color contrario; como la ficha estaría rodeada, se daría por muerta inmediatamente.

Esto sería lo que ocurriría en caso de poner una ficha de signo contrario en el bastión del ejemplo C.

Atari y ko

Se puede emplazar una ficha en *atari* (situación comprometida), es decir, arriesgarla ubicándola en un punto vacío rodeado de sus propias fichas o de las contrarias, pero con la garantía de realizar una captura.

Un *atari* podría dar lugar a un *ko* (eternidad, en japonés), un interminable ciclo de captura y recaptura. Para evitar esta situación se ha establecido una norma: un jugador, después de que una de sus fichas haya sido

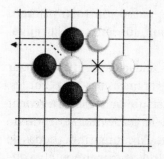 

Atari (izquierda) y ko (derecha).

capturada en *atari,* antes de colocar una ficha en aquel punto del tablero debe primero añadir una ficha en cualquier otro lugar. Ello da al contrario la posibilidad de solventar el *ko* durante el siguiente turno.

En la ilustración, el jugador negro lleva a cabo un *atari* para capturar la ficha blanca. El jugador blanco no podrá reemplazar su ficha blanca inmediatamente.

Si se producen tres *ko* en el tablero simultáneamente, el juego se considera empatado.

Seki

Si en una zona concreta del tablero, fichas opuestas están tan interconectadas que ninguno de los jugadores puede rodear a las otras sin correr gran peligro, la situación será de tablas por ahogo o *seki.*

Esta parte del tablero permanecerá a partir de entonces, intocable hasta el final del juego, y el área no podrá ser reclamada por ninguno de los jugadores.

ESTRATEGIA

♦ Al comienzo del juego es preciso controlar primero las esquinas; a continuación, los lados de la rejilla, y sólo al final, el centro.

♦ Para tener la máxima flexibilidad es mejor comenzar el juego en la tercera y cuarta líneas desde los bordes.

♦ El objeto del juego es construir cadenas para rodear las fichas del enemigo y, a la vez, evitar ser rodeado por las fichas contrincantes. Al configurar cadenas de fichas hay que pensar multidireccionalmente y conseguir que éstas realicen varias funciones a la vez.

- Es conveniente evitar cadenas demasiado pequeñas y compactas, y también cadenas demasiado largas que permitan al adversario atacar desde dentro.

- Una buena cadena depende de los ojos. Se trata de poner el mayor número de ojos a las propias fichas y evitar que el enemigo pueda hacerlo con las suyas. Un grupo de fichas con dos ojos es prácticamente inmune al ataque.

- Ante un grupo de fichas demasiado disperso, el enemigo quizá pueda colocar fichas entre ellas y cerrar una parte.

- Las fichas aisladas son vulnerables, mientras que las que están a una o dos casillas de distancia pueden unirse fácilmente para evitar que las rodeen.

- Una cadena no es necesariamente más fuerte si se le añaden más fichas. Las fichas que se suman deben incrementar las posibilidades del jugador dando más salidas a la cadena. Aumentar las salidas significa dar menos oportunidades al oponente para rodear las propias fichas.

- Aunque los prisioneros no son un objetivo primero (sí lo es reclamar territorio), las fichas que uno toma pueden ser útiles al final del juego.

- En general, los jugadores «pasan» al final de la partida cuando el tablero está muy lleno y necesitan indicar de alguna manera que dan el juego por terminado.

CUÁNDO TERMINA EL JUEGO

Cuando los jugadores han colocado todas sus fichas, cuando ambos jugadores pasan o cuando ninguno de los jugadores puede pretender más territorio o realizar más capturas.

Esta parte del juego es muy importante. Las casillas vacías entre los territorios reclamados por cada jugador son rellenadas (en la medida de lo posible) por los jugadores, no necesariamente por turnos, con las fichas que todavía tienen en mano.

Las fichas prisioneras, rodeadas, que solo poseían una salida, son consideradas «muertas» y tomadas por el jugador agresor. Se computan con las fichas que cada jugador ha ido capturando durante todo el juego.

Los jugadores suman los puntos *que* se controlan, añadiéndolo al número de fichas contrarias capturadas. Gana el jugador con el total más alto.

En el siguiente juego, los jugadores cambiarán los colores, ya que las negras siempre poseen la ventaja de haber jugado primero. Si un jugador gana tres juegos seguidos, obliga a su contrincante a jugar con el obstáculo de tener dos fichas en dos de las nueve «estrellas» resaltadas en el tablero.

VARIANTES

Go-bang

Se juega con el mismo tablero y con las mismas fichas que se emplean en el go. Es una variante tan fácil que incluso pueden disfrutarla los más pequeños. Para ser sinceros, podríamos considerarlo un tres en raya con más fichas y más complicación. Juegan dos jugadores.

El objetivo es formar una cadena de cinco fichas del mismo color, ya sea en colocación vertical, horizontal o diagonal.

Las fichas, al igual que en el go, se ubican en las intersecciones del tablero; sin embargo, a diferencia del go, no existen las capturas. Una vez se ha colocado una ficha, ésta no puede volver a moverse.

Los jugadores deben trabajar para construir la cadena de cinco fichas del mismo color y, al mismo tiempo, controlar al adversario colocando fichas que se interpongan en su cadena.

Gana el jugador que logra la primera cadena de cinco fichas.

Juegos de caza y captura

Los juegos de caza y captura acostumbran a iniciarse con un tablero limpio. Cómo se posicionen las fichas y desde qué punto avance la pieza a cazar añade habilidad y estrategia al juego, lo que le confiere un gran interés y ha potenciado la aparición de todo tipo de variantes.

Otro factor fundamental es el hecho de que la confrontación acostumbra a producirse entre un gran número de atacantes y un pequeño número de fugitivos, llegando a veces a ser de 12 contra 1.

Los juegos de caza y captura son universales y, a la vez, muy parecidos: en Asia por ejemplo, se lo conoce como el juego de las vacas y el leopardo; en Europa, más concretamente en Escandinavia, como el zorro y los gansos; o los gatos y el ratón...

EL ZORRO Y LOS GANSOS

Ficha técnica

- **Jugadores:** dos.
- **Material:** tablero; 13 fichas de un color (los gansos) y 1 de otro (el zorro).

- **Dificultad:** algo de estrategia.
- **Objetivo:** para el zorro, llegar a la zona de los gansos habiendo capturado el máximo número posible; para los gansos, inmovilizar al zorro en una esquina.

REGLAS

El tablero puede ser en forma de cruz o circular. Trabajaremos con el modelo en forma de cruz. Y las fichas pueden ser piezas que se insertan en agujeros, o fichas rojas y negras.

Los jugadores echan a suertes quién tendrá el zorro y quién conducirá los gansos. El zorro realiza el primer movimiento y los jugadores mueven a partir de entonces por turnos:

- Tanto el zorro como los gansos se desplazan de la misma manera: una casilla hacia adelante, atrás o al lado en cada turno.
- El zorro, sin embargo, como en las damas, tiene la opción de saltar por encima de otras fichas, e incluso de saltar varias fichas si están colocadas dejando un espacio vacío entre ellas.
- Cada vez que el zorro, en uno de sus recorridos, salta por encima de un ganso y aterriza en la casilla contigua, realiza una captura. En una misma tirada puede efectuar varias capturas. El ganso capturado es retirado del tablero.
- Los gansos no pueden saltar, y su estrategia acostumbra a ser acorralar al zorro en una esquina.

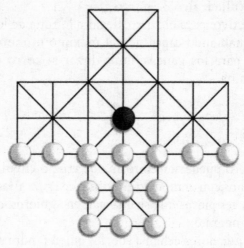

Ejemplos A (izquierda) y B (derecha).

Gana el zorro si es capaz de capturar tantos gansos de manera que no queden suficientes como para atraparlo, o si llega al extremo del tablero de donde han salido los gansos. Ganan los gansos si consiguen atrapar al zorro en una esquina y privarlo de libertad de movimientos.

LAS VACAS Y EL LEOPARDO

Ficha técnica

- ◆ **Jugadores:** dos.
- ◆ **Material:** un tablero de ajedrez; cuatro fichas de un color (vacas) y una de otro (leopardo).
- ◆ **Dificultad:** implica una cierta estrategia.
- ◆ **Objetivo:** para el leopardo, llegar hasta la última hi-

lera del tablero esquivando a las vacas; para las vacas, acorralar al leopardo inmovilizándolo.

Reglas

Se utiliza un tablero de ajedrez; las fichas que corresponden a las vacas se sitúan en la última hilera, sobre las casillas negras. El leopardo puede estar emplazado en cualquier casilla negra del tablero. Las vacas pueden moverse, en cada turno, una casilla hacia delante y en diagonal.

El leopardo, por su parte, puede avanzar dos casillas diagonalmente, hacia delante o hacia atrás. Ninguna pieza salta o captura.

Ganan las vacas si son capaces de acorralar al leopardo dejándolo sin ninguna posibilidad de movimiento. Gana el leopardo si puede romper la línea ofensiva de las vacas y llegar hasta el final del tablero.

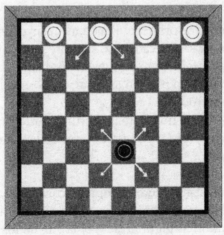

Las vacas y el leopardo.

Los gatos y el ratón

Ficha técnica

- **Jugadores:** dos.
- **Material:** un tablero de ajedrez o damas; cinco fichas blancas (gatos) y una ficha negra (ratón).
- **Dificultad:** fácil.
- **Objetivo:** para los gatos, inmovilizar al ratón rodeándolo de tal manera que no pueda realizar ningún movimiento; para el ratón, llegar a la última fila.

Reglas

Se colocan las fichas en el tablero de la siguiente manera: los gatos (fichas negras) en las casillas blancas de la última fila; el ratón (ficha blanca) en cualquier casilla blanca de la primera fila. Se sortean los papeles de gatos y ratón:

- El ratón tira primero. Puede avanzar o retroceder una única casilla cada vez, siempre en diagonal.
- Los gatos también se mueven en diagonal una casilla, pero sólo pueden avanzar; no poseen la potestad de retroceder.
- En este juego no existe la captura; por tanto, sólo se podrán mover las fichas que vayan a parar a una casilla vacía.

Ganan los gatos cuando logran acorralar al ratón de manera que no pueda realizar ningún movimiento. Gana el ratón si logra atravesar la fila de los gatos y llegar hasta el final del tablero.

Lotería *(lotto)*

HISTORIA

Se considera precursora del bingo. No requiere habilidad para jugarse, pero sí exige unos extensos preparativos para llevarlo a cabo.

FICHA TÉCNICA

♦ **Jugadores:** cualquier número.
♦ **Material:** tarjetas de bingo; 20 fichas para cada jugador; 90 bolas numeradas del 1 al 90; un receptáculo para mezclarlas sin que sean vistas.
♦ **Dificultad:** un juego en el que lo más importante es la suerte; crea adicción y es muy divertido, sobre todo en grandes grupos.
♦ **Duración de una partida**: una media hora.
♦ **Objetivo:** ser el primer jugador en llenar los cinco números de una de las tres filas horizontales de la tarjeta de bingo.

Reglas

El juego puede ser comprado en cualquier tienda o, en una versión más casera, es posible confeccionarlo a mano. Si se trata de lo primero, se obtienen, unas bolas numeradas del 1 al 90 que se introducen en el tambor que las mezclará convenientemente y que posee un orificio de salida para que descienda cada una de las bolas. Cada jugador recibirá una o varias tarjetas de bingo (una cuadrícula con cuadros blancos y negros aleatoriamente colocados y en la que hay 12 casillas de fondo blanco con un número impreso en ellas), y obtendrá suficientes fichas como para rellenar todas las casillas blancas de las tarjetas que haya tomado.

En la versión casera, el proceso de preparación es más arduo. En primer lugar, se pueden fabricar las 90 «bolas» (que irían en el bombo) a base de cartulina, dándoles forma circular y el tamaño de una moneda, o se puede comprar directamente una caja con 90 fichas de póquer. Se colocan, a continuación, las fichas dentro de un sombrero, una bolsa o una caja donde puedan agitarse sin que se vea el contenido.

En segundo lugar, se da a cada jugador papel y lápiz para que dibujen sus propias tarjetas de bingo; cada uno debe trazar una tabla horizontal de 9 columnas por 3 filas, y de las casillas resultantes hay que colorear cuatro de cada fila horizontal, de manera que queden 12 casillas en blanco. A continuación, se numeran las casillas de columna en columna, de arriba a abajo, de la siguiente manera:

- ◆ **Primera columna:** cualquier número entre el 1 y el 10.
- ◆ **Segunda columna:** cualquiera entre el 11 y el 20.

- **Tercera columna:** cualquiera entre el 21 y el 30.
- **Cuarta columna:** cualquiera entre el 31 y el 40.
- **Quinta columna:** cualquiera entre el 41 y el 50.
- **Sexta columna:** cualquiera entre el 51 y el 60.
- **Séptima columna:** cualquiera entre el 61 y el 70.
- **Octava columna:** cualquiera entre el 71 y el 80.
- **Novena columna:** cualquiera entre el 81 y el 90.

En tercer lugar, se reparten las fichas, que se colocarán sobre las casillas; pueden ser caramelos, garbanzos o incluso monedas.

El juego

Los jugadores depositan sus apuestas sobre la mesa formando el bote. En general se apuesta por cada tarjeta de bingo que se va a jugar. Los jugadores pueden tomar más de una tarjeta y jugarlas todas a la vez.

Se determina quién será el que cante las bolas (este jugador también puede tener su tarjeta de bingo):

- El elegido saca una bola del sombrero y canta bien alto el número que contiene.
- Si uno de los participantes tiene esa cifra en su tarjeta, coloca una ficha sobre él.
- El jugador encargado de cantar los números sigue sacándolos uno a uno del sombrero y cantándolos.
- Cuando un jugador ha llenado una línea horizontal de la tarjeta con sus fichas puede cantar «¡Lotería!» y gana.

El ganador se lleva el bote; en algunas variantes, sólo toma la cuarta parte, el siguiente jugador que hace una fila se lleva la otra cuarta parte, y el que llena toda la tarjeta se queda con la última mitad.

Variantes

Sólo puede cantarse «Lotería» cuando toda la tarjeta ha sido rellenada con las fichas por completo.

Monopoly

HISTORIA

La propia historia del Monopoly es apasionante en sí misma y, sólo en cierta manera, una alegoría del espíritu del propio juego. En 1933, un ingeniero estadounidense en paro, Charles Darrow, patentaba esté juego y algunos años después ya era archimillonario.

El origen real del juego, sin embargo, se sitúa a finales del siglo XIX, cuando los juegos de propiedades comenzaron a ser populares. Por aquel entonces, Elizabeth Magie patentó *The Landlord's Game,* una versión un tanto casera que fue extendiéndose a partir de conocidos y amigos. Este prototipo era una forma de propaganda anticapitalista: Elizabeth Magie intentaba mostrar cómo los propietarios poco escrupulosos podían conseguir rentas injustas.

La versión de Charles Darrow dio un giro de 180 grados a esta propuesta y convirtió el Monopoly en uno de los máximos símbolos del capitalismo, con los jugadores peleando para conseguir propiedades y riquezas, y para sumir en la bancarrota a los demás jugadores.

Charles Darrow intentó al principio vender su idea al gran fabricante de juegos, Parker Brothers, que sólo la aceptó después de muchas reticencias y de un largo período en el que Darrow se encargó en persona de la comercialización del juego. Cuando tomó el relevo Parker Brothers, empresa que se había visto económicamente muy maltratada por la gran depresión, se encontró con una demanda desbordante y con un éxito sin precedentes.

Al cabo de un tiempo descubrió que había dos patentes más del mismo juego: la de Elizabeth Magie y la de otro juego llamado *Finance* (que también debía muchísimo al prototipo de Magie). Parker Brothers lo resolvió comprando ambas patentes; la de Magie, la verdadera inventora, por sólo 500 dólares, en el más puro estilo capitalista. En los años ochenta, esta maniobra vio la luz pública y se originó un gran escándalo.

A pesar de todo, desde mediados de los años treinta, han sido vendidos más de 125 millones de Monopoly en más de 40 países, y traducido y adaptado el juego a 20 lenguas diferentes.

Entre las grandes curiosidades que acompañan a un juego tan formidable existe una anécdota que merece la pena contar: durante la Segunda Guerra Mundial se enviaron numerosas colecciones de juegos del Monopoly a los prisioneros en los campos de guerra. Se trataba de «ediciones especiales» que contenían un plano secreto para escapar, oculto en un lado del tablero, y en las que el dinero de juguete había sido sustituido por moneda vigente alemana, italiana o austríaca, según la destinación.

El Monopoly, sin duda, refleja lo mejor y lo peor del capitalismo. El objetivo del juego no deja de ser conseguir la bancarrota de los demás y aumentar la fortuna personal al máximo consiguiendo el monopolio. Es un juego que provoca grandes enfrentamientos y que mantiene como ninguno a los jugadores frente al tablero durante horas y horas. Apasiona y engancha de tal manera que, algunas veces, los jugadores añaden normas adicionales que les permiten ampliar el crédito y prolongar de esta manera el juego, entrando en franca contradicción con los propios impulsores del Monopoly, que preocupados por su dilatada duración, crearon normas para que no se extendiera más de dos horas.

En este juego tiene un peso relativamente importante la suerte, ya que el avance del jugador depende de los dados. Es un juego eminentemente de comercio, de habilidad y de recreo.

FICHA TÉCNICA

♦ **Jugadores:** de 2 a 6.
♦ **Material:** juego del Monopoly (desglosado en «Reglas»).
♦ **Dificultad:** ideal para familias, requiere una combinación de estrategia y suerte.
♦ **Duración de una partida:** más de una hora.
♦ **Objetivo:** a través de vender, comprar y alquilar propiedades, convertirse en el jugador más rico y, a la vez, conducir al resto a la bancarrota.

REGLAS

El juego

El Monopoly cuenta con un tablero dividido en 40 casillas, que incluye 22 terrenos para construir, 4 estaciones de ferrocarril, 2 empresas de servicio público y 8 casillas de recompensas y sanciones:

- Las esquinas consisten en casillas especiales marcadas como «salida», «cárcel», «párking libre» e «ir a la cárcel».
- En el centro del tablero se amontonan las cartas destinadas a la Suerte y a la Caja de Comunidad.
- También se necesitan dos dados y una ficha de un color diferente para cada jugador.
- Cartas de Título de Propiedad sobre los terrenos a construir, 32 casas de color verde y 12 hoteles de color rojo.
- Billetes de banco del Monopoly de diferentes valores.

Se abre la partida

Se colocan las cartas de Suerte y Caja de Comunidad en sus respectivos puntos en el tablero.

Cada jugador tira el dado y el número más alto es el banquero. Es decir, será el encargado de distribuir el dinero (salarios, bonificaciones, premios, etc.) y de ceder los títulos de propiedad y las construcciones. También deberá conducir las subastas de propiedades. El banquero puede jugar (si hay menos de cuatro jugadores) y, naturalmente, debe tener buen cuidado de separar su capital personal del de la banca.

Cada jugador elige la ficha de un color y luego la ubica en la casilla de salida.

Antes de comenzar el juego, todos los participantes recibirán del banquero 1.500 euros distribuidos de la siguiente manera:

- 2 billete de 500 euros.
- 4 billetes de 100 euros.
- 1 billete de 50 euros.
- 1 billetes de 20 euros.
- 2 billetes de 10 euros.
- 1 billete de 5 euros.
- 5 billetes de 1 euro.

La banca guarda el resto del dinero. También posee los títulos de propiedad, las casas y los hoteles. El banco podrá vender todas sus construcciones y propiedades. Nunca puede quedarse sin liquidez (llegado a este extremo debería procederse a «fabricar moneda a mano»).

Cada jugador tira los dados; el que obtiene la puntuación más alta abre el juego:

- El primer jugador lanza los dados y mueve su ficha por el tablero, en la dirección de la flecha, el número de espacios indicado por el total de ambos dados.
- Los turnos corren en el sentido de las agujas del reloj alrededor de la mesa; cada jugador arroja los dados y avanza su ficha el número indicado de casillas, aprovechando las opciones que le da el resultado de su tirada. La ficha se quedará en esa casilla hasta que se produzca una nueva tirada.
- Una o varias fichas pueden permanecer simultáneamente en la misma casilla.
- Si un jugador obtiene un doble, tiene el derecho a tirar de nuevo; si tira tres dobles seguidos, va directamente a la cárcel.
- Durante el juego, los jugadores darán vueltas al tablero; cada vez que pasen por la casilla de salida recibirán de la banca 200 euros en concepto de honorarios.

Propiedades

Si un jugador va a parar a un terreno sin propietario, tiene la opción de comprarlo al banco.

Si decide comprar la propiedad, el jugador paga al banco el valor estipulado en el Título de Propiedad y recibe la carta que lo hace propietario. El jugador emplaza la carta, boca arriba, frente a él. A partir de entonces, podrá cobrar un alquiler a cada jugador que aterrice en esa casilla.

Si el jugador decide no comprar la propiedad, el banquero la pone en subasta. Cualquiera puede participar en la subasta, incluso el jugador que ha rechazado la opción de comprar. La propiedad va a parar a manos de quien realiza la puja más elevada. Éste paga inmediatamente al banquero y recibe su Título de Propiedad. Las estaciones y empresas de servicio público también siguen este proceso.

Estaciones de ferrocarril y empresas de servicio público

Si una tirada de los dados lleva a una empresa de servicio público que ya tiene propietario, el jugador debe pagar 4 o 10 veces el número arrojado por los dados, según el jugador propietario posea una o dos cartas. Sirve el número arrojado por los dados para mover la ficha, es decir, no hay que tirar de nuevo para calcular la cantidad.

Si una carta de Suerte envía al jugador a la empresa de servicio público, el jugador sí debe tirar los dados para calcular el alquiler que debe.

Cuando un jugador posee las dos cartas de empresa de servicio público y una está hipotecada, igualmente cobra 10 veces el alquiler en la carta no hipotecada.

Si una carta de Suerte envía a la estación de ferrocarril más cercana, el jugador debe moverse hacia la más cercana en la dirección del tablero (no hacia atrás).

Suerte o Caja de Comunidad

Cuando el jugador va a parar a las casillas de Suerte o Caja de Comunidad, toma una carta del montón correspondiente y sigue las instrucciones que recibe. Después, debe colocar de nuevo la carta boca abajo en la parte inferior de la pila.

Hay dos casos en los que se queda con la carta; son los que permiten salir de la cárcel Su lema es «Salga de la cárcel». Después de haber utilizado estas cartas, también serán colocadas debajo del montón. Esta carta también puede ser vendida por un jugador a otro por el precio que convengan de mutuo acuerdo.

Si un jugador debe pagar un impuesto o una multa, lo hará al banco. El impuesto gravará las construcciones vigentes y no tendrá en consideración que el jugador deba vender algunas de ellas para pagar la suma exigida.

Si el jugador es enviado a cualquier otra casilla y pasa por la salida, cobrará los 200 euros.

La cárcel

Cuando el jugador es enviado a la cárcel, la ficha va directa de la casilla en que está ubicada a la de la cárcel. Un jugador va a la cárcel:

♦ Si va a parar a la casilla que reza «Vaya a la cárcel».
♦ Si le sale una carta que le indica «Vaya a la cárcel».

♦ Si tira un doble tres veces seguidas (en este caso, guarda los beneficios que haya obtenido en las jugadas anteriores).

En ningún caso recibirá los 200 euros por pasar por la casilla de salida.

Si en el transcurso normal del juego el jugador va a parar a la casilla de la cárcel sin ser enviado a ella, se considera una simple visita y no es cargado con ninguna sanción. Continúa el juego en la siguiente tirada.

Cuando un jugador ha sido enviado a la cárcel, debe esperar el próximo turno para liberarse, sea cual sea la manera en que lo haga. Un jugador sale de la cárcel:

♦ Si obtiene un doble durante uno de los tres turnos de juego siguientes (en este caso, desplazará la ficha el número de casillas indicado por los dados).
♦ Si posee o compra una carta «Salga de la cárcel».
♦ Si paga una multa de 50 euros.

Después del tercer turno, si el jugador encarcelado no ha obtenido un doble, está obligado a pagar los 50 euros y a salir de la cárcel. Entonces avanzará el número de casillas que haya obtenido mediante los dados.

Durante su estancia en la cárcel, el jugador puede percibir los alquileres, construir sobre sus terrenos, comprar, vender o hipotecar sus propiedades.

Aterrizar en una casilla con propietario

El propietario cobrará el alquiler de acuerdo con las tasas establecidas en su Título de Propiedad. El alquiler es más alto si la propiedad está construida.

Si la propiedad está hipotecada, el propietario no puede cobrar alquiler. En este caso, y para que se vea con claridad, el título de propiedad estará vuelto boca abajo.

Si el propietario posee todas las propiedades de aquel color sin edificar, puede doblar el alquiler (aunque tenga hipotecadas propiedades de otros colores). Si hay alguna propiedad hipotecada de este color, no se puede cobrar el doble, ya que se considera incompleto el grupo.

Si el propietario no reclama el alquiler antes de que el próximo jugador realice su tirada, pierde la suma.

Construir

Cuando un jugador posee todas las propiedades de un mismo color, puede aumentar las rentas que le proporcionan los alquileres construyendo casas y hoteles en cada uno de los terrenos. El precio de las construcciones está marcado en cada uno de los títulos de propiedad.

No es necesario esperar el turno para comprar una casa u hotel. En cualquier momento en que los dados estén cambiando de manos, y el jugador disponga del dinero y de los títulos de propiedad de todo el grupo, puede adquirir construcciones.

Las propiedades deben incrementarse a la par; si un terreno posee una casa, la próxima casa debe ir a otro terreno del mismo grupo.

Cuando *un* jugador tiene cuatro casas, puede comprar un hotel que las sustituya. El precio también está establecido en el Título de Propiedad. De todas maneras, es preciso que haya cuatro casas en cada uno de los terrenos del grupo antes de levantar un solo hotel (existe el límite de un hotel por terreno).

Cuando no hay casas a la venta

Si el banco no dispone de casas para vender, el jugador debe esperar que alguien se las venda al banco. Incluso si el jugador pudiera comprar directamente un hotel, está obligado a esperar a que el banco disponga de cuatro casas para conseguir el hotel.

Si la demanda de los jugadores es superior a la oferta del banco en casas u hoteles, el banquero vende las construcciones en subasta y las obtiene el que puja más alto. La subasta comienza a partir del precio más bajo indicado en los diversos títulos de propiedad de los jugadores implicados.

Bajo ninguna circunstancia un jugador puede mover una casa o un hotel de una de sus propiedades a otra, o vender una casa o un hotel a otro jugador. El jugador sí puede revender casas y hoteles al banco, que pagará la mitad del precio de compra.

De la misma manera que los hoteles y las casas se incrementaron a la par, deben disminuir a la par. Por ejemplo, si un jugador desea vender un hotel, no puede dejar el terreno vacío mientras los otros terrenos tienen hoteles; debe cambiar también los hoteles por casas para distribuirlos equitativamente entre las tres propiedades.

Si todos los hoteles son vendidos y no convertidos en casa, el banco los compra por la mitad del precio de cinco casas de aquel Título de Propiedad.

Hipotecas

Las propiedades sin casas u hoteles pueden ser hipotecadas. El banco paga la hipoteca establecida en el Título de Propiedad y el jugador cebe emplazarlo boca abajo (el jugador todavía es propietario).

Si el jugador desea hipotecar un grupo construido, debe revender antes todas las casas y hoteles al banco.

El propietario de unos terrenos hipotecados no puede cobrar alquiler ni construir sobre ellos. El jugador tampoco puede construir sobre otras propiedades del mismo color, pero sí puede cobrar alquiler de ellas y cargar el doble por tener todo el grupo de color bajo su posesión.

Para retirar la hipoteca, el jugador debe pagar al banco la cantidad correspondiente a la hipoteca más un 10% de interés. Si decide construir casas y hoteles, aunque los hubiera revendido al banco a mitad de precio, los comprará al precio en curso.

Un jugador puede entregar una propiedad hipotecada al banco como pago de una deuda. El banco descontará del valor de la propiedad el 10% de interés y llevará la carta inmediatamente a subasta.

Ventas entre jugadores

Un jugador puede vender a otro, por un precio convenido de mutuo acuerdo, propiedades sin construir, estaciones de ferrocarril o empresas de servicio público. No se puede vender ninguna propiedad con casas u hoteles ni cualquier otra carta del grupo.

Un jugador puede vender también una propiedad hipotecada. El nuevo propietario deberá pagar inmediatamente la hipoteca y los intereses al banco. Si decidiera mantener la deuda con el banco, al recibir la propiedad debe pagar un 10% de interés y, al pagar la hipoteca, un 10% adicional.

Si un jugador sólo puede pagar un alquiler con una propiedad, el propietario puede decidir qué valor tiene esa propiedad independientemente de su precio de salida.

Bancarrota

Si un jugador debe más alquiler del que puede pagar con su capital líquido, puede pagar con un Título de Propiedad sin construcciones y sin hipotecas al precio que marca la carta. También puede pedir al banco que subaste sus propiedades e intentar pagar su alquiler *con* los beneficios resultantes.

Después de vender sus propiedades, si todavía no puede pagar la renta, debe declararse en bancarrota y entregar todo lo que posee a su acreedor. Si poseía casas u hoteles, éstos serán comprados a mitad de precio por la banca, que entregará el dinero a los acreedores.

Si el caso fuera que no podía pagar impuestos o sanciones, el banco sería el receptor de las propiedades y las subastaría en seguida.

En ambos casos, el jugador se ve obligado a dejar el juego.

Solidaridad entre jugadores

En el Monopoly no existe, y queda prohibido:

- ♦ «Olvidarse» de cobrar alquiler a jugadores desfavorecidos.
- ♦ Ayudar a otros jugadores a salvaguardar sus bienes.
- ♦ Prestar dinero o propiedades.

Estrategia

La tentación en el Monopoly es correr alrededor del tablero comprando todas las propiedades al alcance; sin embargo hay algunas propiedades que son más deseables que otras. Cuando uno aterriza en una propiedad debe evaluar cuidadosamente si debe comprarla o no, considerando si la cantidad de dinero que implica puede compensarse de alguna manera:

♦ Los grupos naranja y rojo son los que, por el precio que cuestan, dan buenos rendimientos de alquiler.

♦ Estaciones de ferrocarril y empresas de servicio público no deben rechazarse: son buenas inversiones al principio del juego, aunque su valía decrece cuando los hoteles reclaman alquileres tan altos. A medida que avanza el juego, ambos tipos de propiedad son los mejores para hipotecar o para vender a otros compañeros con el fin de buscar propiedades más valoradas.

Después de realizar varias vueltas al tablero, todos los jugadores poseen algunas propiedades, pero ninguno tiene un grupo de color completo. Es el momento de negociar y regatear unos y otros. Las propiedades sin construir pueden ser compradas, vendidas o cambiadas por el precio que uno obtenga; por eso es mejor negociar una propiedad de mucho valor a cambio de dos menos valoradas o de líquido, o de una combinación de ambas. No es necesario recordar que las casas y los hoteles no pueden ser vendidos entre jugadores.

Las negociaciones pueden tener lugar en cualquier momento, pero la transacción real sólo se produce durante el propio turno o el del otro implicado en la venta, o cuando los dados están entre dos manos.

Conseguir un grupo de color y comenzar a construir debe hacerse tan pronto como sea posible, sobre todo si uno ha conseguido las propiedades más baratas. En este caso se deben obtener el máximo de alquileres antes de que los contrarios construyan sobre sus terrenos más valorados.

Es mejor colocar tres casas en cada una de las propiedades y luego pasar a construir el siguiente grupo de color. Ello virtualmente garantiza una entrada de capital rápida, ya que los jugadores raramente pueden saltar todo el grupo de una sola tirada.

No hay suficientes casas y hoteles para que todos los jugadores puedan construir en sus propiedades, de modo que hay que construir antes de que se acaben.

Es preferible jugar defensivamente. Si las propiedades están construidas con casas y no hay más en el banco, es preferible conservarlas y no convertirlas en hoteles. Así se impide que los oponentes puedan usar esas casas para construir de nuevas en sus terrenos una vez intercambiadas por hoteles. Si los oponentes sólo tienen hoteles y deben vender, para mantener el equilibrio de la propiedad deberán deshacerse de todos ellos, y si no hay casas disponibles, sus terrenos quedarán sin construir.

Como la subasta es una parte muy importante se debe mostrar una cierta psicología para con los otros jugadores: en primer lugar, no hay que hacer muy evidente el deseo por una propiedad, sino otorgarle, en apariencia, poco valor; también es mejor pujar despacio y en bajas cantidades o entrar en la subasta en el último momento. Si nadie puja, es recomendable efectuar una salida misérrima. El banco debe vender al mejor postor, sea cual sea el precio de salida. Si uno paga menos del valor de hipoteca, es una ganga.

Evitar la cárcel es muy aconsejable; si uno aterriza allí al principio del juego es mejor pagar la multa de inmediato porque entones resulta crucial poder moverse y comprar. Al final, en cambio, es muy cómodo estar en la cárcel recibiendo el pago de los alquileres sin tener que mover la ficha.

A medida que el juego progresa hay que tener más cuidado con las propiedades que se tienen ya que existe una fuerte presión en multas e impuestos sobre todas las propiedades y construcciones.

Uno no debe perder toda su liquidez, sobre todo a medida que avanza el juego. Es mejor asegurarse de que se tiene dinero suficiente como para cubrir el próximo resultado de los dados.

CUÁNDO TERMINA EL JUEGO

Cuando hay varios jugadores en bancarrota, el más rico de los que permanecen en el juego es el ganador.

VARIANTES

Monopoly tiempo-límite

Los jugadores se ponen de acuerdo antes de empezar el juego cuánto tiempo durará; generalmente, una hora.

El banquero baraja las títulos de propiedad y reparte dos propiedades para cada jugador. Los jugadores pagan inmediatamente al banco el precio de las cartas repartidas.

El juego se desarrolla de la misma manera que el estándar, pero cuando pasa una hora, el banquero afirma: «Juego terminado».

El jugador que está en el transcurso de un turno completa su movimiento, pero no pueden realizarse intercambios comerciales.

Cada jugador cuenta sus propiedades (las hipotecadas valen la mitad), dinero, estaciones, casas y hoteles (cuentan como cinco casas). Gana el jugador más rico.

Otras variantes

- **Segunda bancarrota**: el juego termina cuando hay dos jugadores en bancarrota. El segundo jugador en esta situación entrega todas sus propiedades a su acreedor y se procede a contar las fortunas de cada uno. Gana el más rico.
- **Inicios escalonados**: está pensada para compensar a los jugadores de la ventaja que toma el primer tirador sobre las propiedades de salida. Así, cada jugador comienza desde una esquina diferente.
- **Monopoly subasta**: ningún jugador tiene el derecho de comprar una propiedad por haber aterrizado en ella. Cuando alguien llega a algún terreno, todos los jugadores pujan por el Título de Propiedad.

La oca

Historia

Inventado en la Alemania medieval, vivió su gran momento en el siglo XVI en Italia; en realidad, el juego de la oca fue uno de los favoritos en Europa hasta finales del siglo XIX. Era el precedente de gran parte de los juegos de mesa en los que el avance de los participantes puede ser facilitado u obstaculizado según aterricen en determinadas casillas.

Se crearon verdaderas obras de arte en los tableros de la oca. Al principio tenían un carácter marcadamente alegórico y estaban ilustrados con escenas de la historia y la mitología. También algunos espacios del recorrido eran distinguidos con símbolos e instrucciones impresas; uno de estos símbolos, que aparecía cada cinco casillas, era una oca.

Cuando se aterrizaba en alguna de estas casillas, el jugador podía tirar de nuevo, perder un turno, avanzar un cierto número de espacios o incluso retroceder. Algunas veces, las instrucciones estaban ligadas con el tema de las ilustraciones. Por ejemplo, en un tablero con tema militar, el jugador podía perder un turno a causa de una herida recibida en la batalla.

FICHA TÉCNICA

- **Jugadores:** dos, tres o cuatro jugadores.
- **Material:** existen tableros de muchos diseños, sin. embargo el más común es una espiral de 63 casillas numeradas (que tiene su inicio en la parte externa y termina en la parte más interna); una ficha de un color diferente para cada jugador; un dado.
- **Dificultad:** muy fácil, pueden jugar los niños.
- **Duración de una partida**: quince minutos.
- **Objetivo:** recorrer todo el circuito lo más rápidamente posible y acabarlo con el número exacto.

REGLAS

Cada jugador tira el dado en su turno y mueve la ficha el número de casillas que indica el dado. Si el jugador aterriza en una casilla con la oca (que habitualmente está ubicada cada nueve casillas, pero que en algunas variantes se encuentra cada cinco o cuatro), pasa a la oca inmediatamente siguiente y vuelve a tirar. El jugador acostumbra a decir: «De oca a oca, y tiro porque me toca».

Si aterriza en otra de las casillas especiales, el jugador puede recibir la instrucción de perder uno o más turnos, o avanzar o retroceder un número determinado de espacios. Por ejemplo (aunque no todos los tableros son iguales):

- **Si cae en el número 6, el puente:** pasa al siguiente puente, situado en el número 12.
- **Si cae en el número 26 y al volver a tirar consigue un 3:** pasa directamente al 53.

- **Si cae en el número 19, la posada:** pierde dos turnos.

- **Si cae en el 31, el pozo:** debe esperar a que otro jugador lo reemplace, y entonces se coloca en el punto que éste acaba de abandonar.

- **Si cae en el 42, el laberinto:** retrocede al número 34 y permanece un turno sin tirar.

- **Si cae en el 52, la cárcel:** debe estar tres turnos sin tirar.

- **Si cae en el 58, la muerte:** retrocede hasta el número 1.

Si en el transcurso del juego se coincide en una casilla ocupada por otro jugador, este último pasará a la casilla que ha abandonado el que llega.

La casilla final sólo puede ser alcanzada con una tirada exacta. Un jugador que saque una cantidad más elevada se verá obligado a retroceder el número de espacios equivalente al que ha excedido del final.

Por ejemplo, si el jugador está en el número 60 y arroja un 5 debe avanzar hacia el final luego retroceder hasta la casilla 61. El retroceso está sometido a todas las reglas del juego.

Parchís

HISTORIA

Juegos como el Scrabble o el Monopoly pertenecen a las invenciones del siglo XX; sin embargo, el parchís, uno de los juegos más vendidos de todos los tiempos, es jugado actualmente de la misma manera que se jugaba hace quinientos años en el otro extremo del mundo y sigue ocupando horas y horas de bien aprovechado tiempo libre.

El parchís nació en la India y parece ser que debe su nombre al número 25 en hindú, que es la mayor puntuación arrojada por el juego. Cuenta la leyenda que Akbar el Grande, un gran jefe mogol, mandó construir un tablero de dimensiones gigantescas en el que las fichas que se movían eran mujeres de ensueño.

FICHA TÉCNICA

- ◆ **Jugadores:** dos, tres o cuatro (más deben hacerlo por parejas).
- ◆ **Material:** un tablero de parchís; dos dados; 16 fichas (cuatro de cada color).

♦ **Dificultad:** es un juego de estrategia. Aunque pueden jugarlo los niños que ya saben contar, muchos maestros del ajedrez han pasado buenos momentos jugando al parchís.

♦ **Duración de una partida**: una hora.

♦ **Objetivo:** ser el primero en mover todas las fichas alrededor del tablero y llevarlas a casa.

REGLAS

Cada jugador emplaza sus fichas dentro del círculo de espera de su color.

Todos los participantes tiran el dado para decidir quién inicia el juego. El jugador con la puntuación más baja comenzará; los turnos siguen alrededor de la mesa en el sentido de las agujas del reloj.

El primer jugador tira los dados. Si, sumando las puntuaciones de ambos, consigue un 5, saca una ficha del círculo de espera. Si no consigue un 5, el turno pasa al jugador de la izquierda. Para liberar una ficha del círculo de espera es imprescindible obtener un 5. Una vez obtenido, la ficha se emplaza en el punto de salida del color que abre el recorrido.

Una vez hay por lo menos una ficha fuera, esta avanzará siempre, en contra del sentido de las agujas del reloj, tantas casillas como puntos hayan arrojado los dados.

La puntuación de los dados puede ser sumada para mover una ficha, o puede representar el avance individual de dos fichas. Por ejemplo, si el jugador arroja un 2-3, puede hacer avanzar una ficha cinco espacios, o bien, una ficha, dos, y otra, tres. Un jugador también puede utilizar los números de un dado e ignorar los del otro.

Cada vez que un jugador consigue un 5 puede liberar una de las fichas que permanecen en el círculo de espera.

En el tablero hay casillas estratégicamente emplazadas y resaltadas a través del color, que son los «puntos de seguridad», y en los que ninguna ficha puede ser capturada. Si un punto de seguridad ya está ocupado, podrán entrar en él fichas de su mismo color, pero no fichas contrarias.

Hay una excepción para la regla de «inmunidad» anterior: el primer punto de seguridad que hay al lado del círculo de espera. Si un jugador obtiene un 5, la ficha que está dentro del círculo de espera tiene la prioridad; así, si existe una ficha contraria en su zona de seguridad, la captura y puede recorrer los 20 puntos ce bonificación:

- ♦ Las tiradas mágicas son el 5, el 7 y el 12, que se corresponden con el número de espacios entre puntos de seguridad.
- ♦ Cuando una ficha ha realizado gran parte de su recorrido alrededor del tablero, llega al camino de casa. Sin embargo, si otras fichas del equipo necesitan ayuda, el jugador puede optar por no entrar en el camino y reiniciar de nuevo la ronda para capturar y bloquear cuando sea necesario.
- ♦ Una ficha en el camino de casa no puede ser capturada.
- ♦ Las fichas sólo pueden entrar en casa si consiguen el número de puntos exacto.
- ♦ Cada vez que un jugador entra una ficha en casa consigue una bonificación de 10 puntos. Puede usarlos

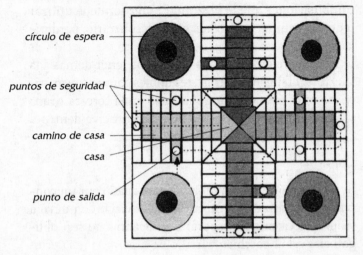

círculo de espera

puntos de seguridad

camino de casa

casa

punto de salida

Tablero de parchís

para mover otra ficha, pero no dividirlos. Si no puede mover ninguna ficha con los 10 puntos completos, el jugador pierde la bonificación.

JUGADAS Y MOVIMIENTOS

Dobles

Cuando un jugador tira un doble, puede tirar de nuevo. Si el jugador tiene todas las fichas fuera del círculo de espera, después de arrojar un doble moverá siempre su ficha 14 espacios (que provienen de sumar las caras de los dados con las que se encuentran en contacto con la mesa, y que siempre suman 7). Por ejemplo, si el jugador consigue un 3-3, dispondrá de 3-3-4-4 y podrá utilizarlos separadamente si lo desea o en las combinaciones que le plazcan. El jugador debe utilizar todos los números porque, en caso contrario, perdería la tirada.

En el parchís hay una sanción por tener demasiada suerte: si el jugador arroja tres dobles consecutivamente, no puede mover ninguna ficha en la tercera tirada y la más próxima al círculo de espera vuelve dentro.

Capturas

Si una ficha aterriza en el espacio ocupado por un contrario, el contrario es capturado y enviado de nuevo a su propio círculo de espera. Las capturas no son obligatorias en el parchís.

El capturador gana por su captura una bonificación de 20 puntos para hacer avanzar su ficha. Una bonificación debe ser cumplida por la ficha implicada y su monto no puede ser dividido en varios trayectos. Sólo puede llevarse a cabo si va a realizarse completo; si no, se pierde.

Barreras

Dos fichas del mismo color ocupando una única casilla constituyen una barrera. Ambas fichas están a salvo, de una captura y, a la vez, bloquean el paso de manera que ninguna otra ficha, sea de su color o no, puede traspasar la barrera que forman.

Si un jugador tiene todas sus fichas atrapadas tras una barrera y no puede avanzar, pierde su turno.

Si la barrera se coloca en el punto de seguridad que sirve de salida a las fichas de un jugador (es decir, junto al círculo de espera), actúa también como barrera sobre las que están encerradas en el círculo.

Una barrera es temporal; si se arroja un doble no pueden ser movidas ambas fichas a la vez. De todas maneras, en una misma tirada puede ocurrir que una de las fichas de la barrera avance y otra, rezagada, venga a ocupar su lugar y forme de nuevo la barrera.

Utilizar las dos últimas fichas como barrera para impedir que los jugadores que van detrás amenacen el avance de las dos primeras fichas del jugador es una buena estrategia. De todas maneras, siempre hay que tener presente que mientras dura la barrera, el jugador está jugando únicamente con la mitad de su potencial.

Un buen momento para romper la barrera es cuando entra una de las primeras fichas en el camino de casa.

CUÁNDO TERMINA EL JUEGO

El juego termina cuando un jugador consigue llevar sus cuatro fichas a casa.

VARIANTES

Las bonificaciones, en vez de transformarse en espacios a recorrer, suman puntos. Así, cuando varios jugadores tienen sus fichas en casa, gana el que acumula además mayor puntuación. Esta variante convierte el juego de persecución en un juego de caza y captura, ya que el hecho de capturar fichas adquiere una gran importancia.

Parchís a dos

Cada uno de los jugadores controla dos grupos de fichas, las ubicadas en el lado contrario. El juego termina cuando un jugador coloca un grupo de fichas en casa.

Una buena estrategia consiste en jugar uno de los grupos ofensivamente, y el otro, defensivamente, una especie de *kamikaze* en el que se sacrifique un grupo para que el otro llegue antes a casa.

Parchís por parejas (cuatro personas)

Es semejante a la versión del parchís a dos. Las parejas *(que* poseen los grupos de fichas opuestos) se ayudan mutuamente creando barreras y capturando oponentes. El sistema de puntuación no es a través de bonificaciones, sino de puntos, y el ganador es el equipo con más puntos después de haber introducido en casa un grupo de fichas.

Parchís para principiantes

Constituye una variante muy interesante del juego del parchís, que muchas veces es la que incluyen los juegos a la venta, que simplifica notablemente la estrategia del juego y da un papel más importante a la suerte.

La dinámica de la partida es prácticamente la misma, pero con algunas diferencias que expondremos a continuación. Para comenzar, cada jugador dispone de un cubilete y de un único dado:

♦ Si el jugador obtiene un 6, vuelve a tirar corriendo la ficha tantos puntos como resulten de la suma de las dos tiradas. Si en la segunda tirada vuelve a obtener un 6, tira una tercera vez después de haber desplazado la ficha los puntos correspondientes. Sin embargo, si arroja de nuevo un 6, la ficha deberá volver al círculo de espera y esperar un 5 para salir de nuevo a la circulación. Este es el paralelismo con los dobles del parchís.

- Si el jugador tiene las cuatro fichas en juego, fuera del círculo de espera, avanzará siete casillas cada vez que obtenga un 6.

- Una barrera se deshace obligatoriamente si el jugador arroja un 6 en su tirada.

- Tanto en el círculo de espera como en el punto de seguridad pueden coincidir fichas de diferente color sin que ninguna resulte capturada, aunque en el círculo de espera debe asegurarse de que no haya ninguna ficha preparada para salir.

Pictionary

HISTORIA

Es un juego popular, de aquellos que se juegan en versiones caseras y que, un día, a alguien se le ocurre dar formato comercial y ponerlo a la venta.

El juego del Pictionary tiene la ventaja de que ya incluye palabras especialmente complicadas en el momento de convertirlas en dibujo; sin embargo, seguir jugando de la forma casera resulta una experiencia igualmente divertida.

FICHA TÉCNICA

- **Jugadores:** cuatro o más, divididos en equipos.
- **Material:** papel y lápiz para cada equipo; tarjetas con palabras; un cronómetro.
- **Dificultad:** es un juego de adivinar a través de las pistas que se suministran mediante dibujo. Para toda la familia.
- **Duración de una partida:** diez minutos.
- **Objetivo:** adivinar la palabra que está en juego a partir de las pistas que ofrece el compañero del equipo, que intenta ilustrar con dibujos su significado.

REGLAS

Los jugadores se dividen en dos equipos. Un miembro de cada equipo será el encargado de dibujar para que los demás adivinen rápidamente la palabra en cuestión.

El juego del Pictionary dispone de una gran cantidad de cartas con palabras cuya plasmación sobre el papel es francamente difícil. También pueden elegirse los términos en casa; sin embargo, resulta un poco complicado conseguir que las palabras que se distribuirán a ambos equipos estén a la par en dificultad. Los nombres concretos y los verbos acostumbran a ser más fáciles; los adverbios, adjetivos y nombres abstractos o conceptos como «cerca», «viejo» y «fealdad» son muy difíciles.

Para comenzar la partida los jugadores deciden qué equipo jugará primero. El artista del primer equipo recibe la palabra (de una tarjeta o susurrado por alguien del otro equipo) y tiene algunos segundos para pensar cómo plasmarlo.

La persona que controla el reloj dice «¡Ya!» (comienzan a correr entonces los cinco minutos de tiempo) y el dibujante comienza a dibujar intentando representar la palabra a través de sus trazos. El resto del equipo debe ir sugiriendo palabras constantemente, y el dibujante, afirmar o negar según sean pertinentes o no:

♦ El dibujante no puede hablar ni usar ningún tipo de comunicación física más allá del lápiz.
♦ Los dibujos no podrán incluir números, letras del alfabeto ni símbolos.

Se continúa dibujando mientras no se adivina el significado o hasta que el tiempo se acaba. Si se adivina por lo menos un minuto antes de que acabar el tiempo, el equipo gana un punto adicional.

El turno pasa al otro equipo y la dinámica continúa del mismo modo. Los equipos juegan un número par de rondas y gana el que consigue más puntos.

VARIANTES

Contrarreloj

Los artistas de ambos equipos usan la misma palabra secreta. Uno de los jugadores cronometra el juego y cuando dice «¡Ya!», ambos artistas comienzan a dibujar, y los jugadores, a intentar adivinar la palabra. El primer equipo que la adivina, gana. Es una variante especialmente divertida porque los jugadores no sólo miran a su dibujante, sino al contrario, y también escuchan las sugerencias de sus adversarios para obtener más pistas.

Reversi

Historia

El reversi fue inventado por un inglés en 1888; disfrutó de una fugaz ola de popularidad y luego cayó en el olvido hasta que fue rescatado en 1970 con el nombre de Otelo.

Para jugar al reversi no hace falta un gran equipo; solamente un tablero de damas o ajedrez y 64 monedas (con cara y cruz).

Este juego, que implica una buena dosis de inteligencia, también ha sido llevado al terreno de las computadoras. Y a diferencia de otros casos y otros juegos, la máquina siempre ha ganado al ser humano.

Ficha técnica

- **Jugadores:** dos.
- **Material:** un tablero de 64 casillas y 64 fichas reversibles (es decir, con cara y cruz).
- **Dificultad:** es un juego que pone a prueba la capacidad de reacción y acaba constituyéndose en un divertido test de inteligencia, que se demuestra

obteniendo el máximo de territorio posible. Es un poco complejo, tal vez demasiado sutil para niños.

♦ **Duración de una partida**: una hora.

♦ **Objetivo:** estar en condiciones de reclamar más territorio con las fichas jugadas que el otro jugador.

REGLAS

La partida se inicia con el tablero vacío. Los jugadores deciden quién juega primero y seguidamente, por turnos, depositan una ficha sobre el tablero. Las cuatro casillas centrales deben ser rellenadas primero. Una vez han sido completadas las cuatro casillas, el juego cambia:

♦ Un jugador puede colocar una ficha en una casilla vacía sólo si es adyacente a una ficha del contrario y está en línea con una ficha propia, verticalmente, horizontalmente o diagonalmente. Las fichas «esposadas» de esta manera son vueltas boca abajo y pasan a manos del contrario.

♦ Cuando una ficha ha sido emplazada, ya no se moverá de su casilla, pero puede ser volteada varias veces, según un jugador u otro la reclame.

♦ Si jugando una ficha cierra las esposas en dos líneas de fichas contrarias, ambas fichas dan la vuelta. En la ilustración siguiente, la corona cierra dos hileras, una vertical y otra en diagonal. Por tanto, las estrellas que aprisiona son volteadas.

♦ Si un jugador no puede jugar una ficha adyacente a la del contrario y en línea con la suya propia, debe

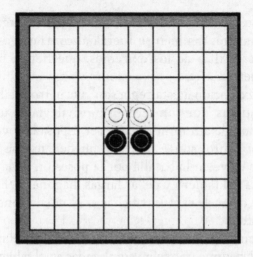

Inicio de una partida de reversi.

pasar. Deberá pasar hasta que pueda jugar. De todas maneras, esta situación no corre peligro de eternizarse porque cada jugador tiene solamente 32 turnos para tirar.

Estrategia

Al inicio de la partida es mejor colocar las dos fichas centrales en una fila horizontal o vertical. Una diagonal se considera una apertura débil.

Algunas casillas son más importantes que otras, ya que su posesión determina quién tendrá la iniciativa en los movimientos del final del juego, cuando cabe la posibilidad de voltear grandes cantidades de fichas.

Siguiendo este razonamiento, primero es mejor emplazar las fichas en las 16 casillas del centro, ya que son fundamentales para crear cadenas largas. De esta manera, también se fuerza al contrario a rellenar las casillas de los extremos, que tienen menos opciones.

La excepción a esta regla son las cuatro casillas de las esquinas, que son territorio privilegiado: una ficha colocada allí nunca puede ser esposada y volteada. Por tanto, son estables y pueden usarse como puntos clave en la batalla por la posesión de la parte externa del tablero y de las largas diagonales. Es preferible dejar de capturar fichas si se puede conseguir la esquina.

La posición suele ser más importante que el número de fichas que uno tiene emplazadas en el tablero, sobre todo al principio del juego.

Al final del juego, las fichas deben ser colocadas de manera que uno pueda voltear líneas lo más largas posibles.

Se puede caer en el error de capturar todas las fichas posibles en cada turno. Sin embargo, el resultado no reporta posiciones fuertes, sino largos períodos sin

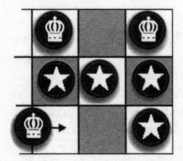 

La corona cierra dos hileras, una vertical y otra en diagonal, por lo que dos estrellas son volteadas,

posibilidad de tirar. Los partidarios de utilizar las estrategias de capturar el máximo número de fichas en cada turno frecuentemente se encuentran con que, al final del juego, no pueden efectuar buenos movimientos, ya que cuantas más fichas tiene uno ubicadas sobre el tablero, menos opciones posee de voltear las fichas del oponente. Inevitablemente, estos jugadores se ven forzados a realizar movimientos pobres, permitiendo a su contrario conseguir buenas jugadas.

Se considera que la mejor manera de tomar el control del tablero es manteniendo sobre él menos fichas que el oponente en las fases inicial y media del juego.

Cuándo termina el juego

El juego termina cuando el tablero está lleno o cuando ninguno de los jugadores puede realizar un movimiento más. Entonces, los jugadores cuentan el total de fichas de cada clase y gana el que posee más fichas.

Ruleta

Historia

El juego de la ruleta fue inventado en Francia, en el siglo XVII, y se ha convertido en el juego de azar por excelencia. Su antecesor más directo se denominaba hoca; consistía en una especie de rueda que lanzaba una bola entre varios receptáculos y los jugadores apostaban sobre dónde acabaría la bola.

Ficha técnica

♦ **Jugadores:** cualquier número.
♦ **Material:** un tapete con las indicaciones de este juego; gran cantidad de fichas de diferentes colores y tamaño (para apostar); una ruleta y una bola.
♦ **Dificultad:** fácil y trepidante.
♦ **Duración de una partida:** unos minutos.
♦ **Objetivo:** ganar el máximo de dinero realizando apuestas acerca del número que ganará (es decir, el hueco en el que quedará atrapada la bola), sobre un grupo de números (debe incluir el ganador), sobre una característica del número ganador

(por ejemplo, si es rojo o negro) y otras combinaciones.

Reglas

Cada jugador adquiere la cantidad de fichas que desea, siempre controlado por la banca. La banca abre el juego diciendo: «¡Hagan juego, señores!». Los jugadores emplazan las apuestas sobre el tapete:

◆ La banca hace rodar la rueda de la ruleta y tira la bola dentro. Los jugadores pueden continuar apostando si lo desean. Cuando la bola está a punto de pasar de la parte trasera a la inferior, la banca dice: «No va más», y ya no se puede apostar.

◆ La bola va rodando hasta quedar finalmente atrapada en una de las treinta y seis casillas, de color rojo o negro, de la rueda. Son el número y el color ganadores.

◆ La banca toma del tapete las apuestas perdidas y coloca sobre éste las ganadas. Si la bola no ha caído en el número apostado, la banca se lo lleva todo.

◆ Si el jugador ganador no retira sus fichas del tapete significa que sigue realizando la misma apuesta con sus ganancias.

◆ En el juego de la ruleta hay una cifra fatídica: el 0. Si la bola va a parar a este número todas las apuestas múltiples pierden y se las lleva la banca; en el caso de las apuestas sencillas, la banca se queda con la mitad de lo apostado.

NORMAS DE URBANIDAD EN EL JUEGO

♦ No se toca la bola hasta el momento de usarla; es decir, permanece hasta el próximo turno en el receptáculo de la ruleta en que cayó.

♦ La ruleta acostumbra a moverse en sentido antihorario.

♦ El representante de la banca la pone en movimiento usando la mano que permite ver más claramente a los jugadores, y usando esa misma mano, tirará la bola de manera que ruede en sentido contrario al de la ruleta.

♦ La bola tiene su propio recorrido dentro de la rueda: primero viaja a gran velocidad en la parte más alta del bol; conforme disminuye la velocidad, va deslizándose lentamente hacia el tramo medio de la rueda. Allí se encuentra con una serie de obstáculos que la hacen rebotar hasta que cae sobre el último tramo, el de las casillas, en una de las cuales acabará deteniéndose. En este momento, su velocidad desciende abruptamente y la bola puede dudar entre dos o tres números consecutivos, saltar de uno a otro y acabar en el tercero. Constituye el momento más emocionante.

LAS APUESTAS

Existen tres tipos de apuesta:

♦ Apuesta sencilla.
♦ Apuesta múltiple.
♦ Todos los números con una característica específica (rojo o negro, pares o impares, elevados o inferiores).

Las apuestas múltiples se pagan si sale uno de los números del grupo; las de una característica se pagan sea cual sea el número que salga.

Apuestas sencillas

♦ **Rouge o noir (rojo o negro):** incluye todos los números rojos o negros. Se paga 1-1. Las fichas apostadas se colocan en el espacio del tapete que contiene el diamante negro o rojo *(ficha a)*.

♦ **Pair o impair (pares o impares):** incluye todos los números pares o impares. Se paga 1-1. La apuesta se emplaza en el espacio del tapete señalado como *pair o impair (ficha b)*.

♦ **Passe o manque (pasa o falta):** incluye los números más altos (del 19 al 36) o los más bajos (del 1 al 18). Se paga 1-1. Se coloca en el espacio del tapete señalado como *passe o manque (ficha c)*.

Apuestas múltiples

♦ **En plein (a un solo número):** incluye el número elegido. Se paga 35-1. Las fichas de las apuestas se emplazan sobre cualquier número, sin tocar ninguna línea *(ficha d)*. *A cheval* (a caballo): incluye los dos números adyacentes elegidos. Se paga 17-1. Se ubican en la línea horizontal o vertical que separa ambos números *(ficha e)*.

♦ **Transversale plein (transversal):** incluye los tres números en hilera elegidos. Se paga 11-1. Se colocan en la línea vertical exterior a lo largo de la hilera *(ficha f)*.

♦ **En carré (cuadrado):** incluye los cuatro números en cuadrado elegidos. Se paga 8-1. Se emplazan en la intersección en la que se encuentran cuatro números *(ficha g).*

♦ ***Transversale simple* (dos transversales):** incluye los seis números elegidos, en dos filas adyacentes. Se paga 5-1. Las apuestas se ubican en la parte exterior

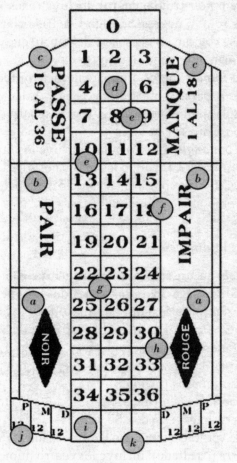

Apuestas sencillas y múltiples en el juego de la ruleta.

de la línea vertical, en perpendicular con la línea que separa ambas series de números *(ficha h)*.

♦ *Colonne* (base de columna): incluye los 12 números en una fila vertical. Se paga 2-1. Las fichas se colocan en cualquiera de las tres casillas en la base de los números de las columnas *(ficha i)*.

♦ *Premier* (P), *Moyen* (M) o *Dernier* (D) (docena): incluye los 12 números en bloque, es decir, de 1 a 12, de 13 a 24 o de 25 a 36. Se paga 2-1 *(ficha j)*.

♦ *Colonne à cheval* (columna a caballo): incluye 24 números en hileras verticales adyacentes. Se paga 2-1. Se ubica en la línea que hay entre dos de los tres espacios en la base del número de las columnas *(ficha k)*.

Scrabble

HISTORIA

Vendido en 120 países y traducido a 31 lenguas diferentes, su gran interés radica en el uso de una combinación única de vocabulario y en una inteligente estrategia para acumular puntos.

El padre del Scrabble fue un arquitecto norteamericano, Alfred Butts, otro de los desempleados de la gran depresión. Como aficionado de los anagramas, los crucigramas y todo tipo de juegos de palabras, decidió diseñar su propio prototipo. Tendría la grandísima suerte de llenar un hueco que no existía en aquel entonces en el mercado.

El primer resultado fue Lexiko, que no usaba un tablero y cuyo objetivo era formar una palabra de siete letras. Butts intentó vender la idea a los fabricantes de juegos, pero fracasó.

Entonces, él y su esposa perfeccionaron el juego, y Lexiko renació como Scrabble; sin embargo, tampoco llegó el éxito esperado con los grandes fabricantes y se vieron obligados a impulsarlo a escala casera. A pesar de todo, el esfuerzo les valió la pena porque en 1949, casi veinte años después de que el primer proyecto viera la luz, el jefe de unos grandes almacenes de Nueva York se entusiasmó con este juego y encargó una gran cantidad para sus tiendas. De repente, la demanda se disparó y ya no se detuvo: de los casi cinco mil que habían vendido en su último año de negocio «familiar», pasó a más de medio millón que se comercializó en los dos años y medio posteriores. Y después fue mucho mejor. Únicamente hay que ver qué representa Scrabble hoy en día: un fenómeno mundial, presentado no sólo en el formato estándar, sino en todo tipo de formatos, desde Braille hasta por ordenador.

Entre las anécdotas que ilustran la historia de este juego está la de un industrial alemán que fabricó las fichas de madera dándoles un acabado embellecedor especial. Pero la química funcionó en contra del juego y convirtió aquellas fichas en un bocado especialmente delicioso para perros y gatos. Los animales domésticos se volvían locos cada vez que sus dueños intentaban jugar al Scrabble, y pronto comenzaron las peticiones para que fuesen reemplazadas las fichas devoradas.

FICHA TÉCNICA

- ◆ **Jugadores:** de dos a cuatro.
- ◆ **Material:** tablero; cuatro raíles para las letras; una bolsa para las letras; 100 fichas representando letras.
- ◆ **Dificultad:** a partir de los 10 años; exige unas ciertas dotes de vocabulario.
- ◆ **Duración de una partida**: una hora por juego.
- ◆ **Objetivo:** crear palabras interconectadas como si de un crucigrama se tratara y emplazarlas de tal manera sobre el tablero que arrojen la máxima puntuación.

REGLAS

Se coloca el tablero sobre la mesa. Las fichas son introducidas dentro de la bolsa. Cada jugador toma un raíl para ubicar sus fichas.

Para decidir quién tira primero, todos los participantes cogen una ficha de la bolsa; el que consigue la letra más cercana al inicio del alfabeto, gana. Las fichas usadas son devueltas a la bolsa y se decide quién controlará las puntuaciones:

♦ Cada jugador toma siete fichas de la bolsa y las coloca sobre su raíl. Cada ficha tiene impresa, en una de sus caras, una letra y, en formato subíndice, justo al lado de la letra, un número que indica su valor en puntos.

♦ El primer jugador debe formar una palabra usando dos o más letras, colocándola horizontalmente (las letras ubicadas de izquierda a derecha) o verticalmente (en orden descendente) sobre el tablero, de manera que una de las letras esté situada en el recuadro que tiene la estrella de ocho puntas en el centro. Esta estrella es como una casilla de inicio y tiene el mismo efecto que la casilla que dobla la puntuación de la palabra, es decir, tras la primera tirada, el jugador puede doblar la puntuación obtenida.

♦ El turno pasa entonces al jugador de la izquierda que puede: añadir una o más letras a la palabra existente ampliándola, formar una nueva palabra usando una letra de la existente (debe haber una interconexión), o ambas. Las palabras pueden ser ampliadas por los extremos, es decir, a través de prefijos y sufijos, pero no pueden ser ampliadas desde el centro.

Existen dos fichas completamente blancas, sin ninguna letra impresa, que actúan como comodines y que pueden ser usadas como la letra que se desee. Una vez colocadas en el tablero, sin embargo, tienen siempre el valor por el que han puntuado.

También destacan las 61 casillas-premio del tablero: 24 azul claro, que doblan el valor de cada letra; 12 azul oscuro, que triplican el valor de la letra; 15 de color rosa, que doblan el valor de la palabra, y 8 rojas, que triplican el valor de la palabra. En el caso de conseguir una palabra que incluya la puntuación como letra y como palabra a la vez, se cuenta primero la puntuación de la letra y, después, la de la palabra.

Si un jugador puede colocar sus siete fichas en el tablero en una misma jugada, consigue una prima de 50 puntos, que se suma a la puntuación obtenida por las diferentes combinaciones arrojadas.

En cualquier momento del juego, un jugador puede decidir usar un turno para cambiar algunas o todas sus fichas, devolviéndolas a la bolsa y reemplazándolas por un número semejante de fichas; al final, siempre debe tener siete. En este mismo turno, el jugador no podrá colocar ninguna palabra sobre el tablero.

Un jugador también puede «pasar» sin cambiar ninguna ficha. Ello ocurre cuando tiene una palabra de alta puntuación en su raíl, pero no existe letra en el tablero a la que conectarla. Sin embargo, si está tres turnos sin tirar es expulsado del juego (un jugador puede «pasar» más veces si no hay más fichas en la bolsa).

El jugador que acaba de tirar anota su puntuación, basada en el valor total de las fichas que ha emplazado. Si ha añadido letras a una palabra ya existente, suma el valor de la palabra entera, independientemente de las letras que ya estuvieran emplazadas en el tablero. Lo que no cuenta es si la palabra estaba ubicada sobre una casilla-premio.

El jugador toma las fichas que le hacen falta para sumar siete de la bolsa y las coloca sobre su raíl.

El segundo jugador debe, a continuación, colocar una o más letras desde su raíl, en línea recta, para formar al menos una nueva palabra.

Existe una regla casera que da un ritmo trepidante al final de la partida; quien se queda primero sin una ficha, gana el doble de la puntuación de todas las letras que todavía permanecen en los raíles de los contrarios. En este momento resulta emocionante la lucha por desembarazarse de todas las fichas, especialmente de las que tienen mayor valor.

NORMAS DE URBANIDAD

♦ Si uno de los otros jugadores duda de la corrección de la palabra, siempre puede exigir una consulta al diccionario. En realidad, uno de los trucos que suelen utilizarse es «colar» palabras inexistentes como si fueran verdaderas. Si nadie cuela y ha sido emplazada la siguiente palabra, sea cierta o no, la anterior queda aceptada por el juego. Si alguien duda, el arbitro será el diccionario; si la palabra está en el diccionario, es aceptada. Por eso, las malas lenguas dicen que el Scrabble ha convertido el diccionario en un *best seller*. El jugador que ha inventado una palabra debe recoger sus fichas del tablero y pierde su turno.

♦ Está prohibido formar las siguientes palabras: nombres propios o que normalmente empiezan con

mayúscula, abreviaciones, palabras escritas colo-
quialmente o palabras extranjeras que no hayan
sido adoptadas por la lengua castellana.

♦ Los jugadores sólo tienen tres minutos para formar
su palabra.

ESTRATEGIA

El jugador que comienza tiene ventaja ya que su primera palabra será doblada automáticamente. Sin embargo, dependiendo de la palabra, la ventaja puede pasar rápidamente al oponente. Por eso es mejor no
centrar las letras en relación con la estrella sino poner
un extremo de la palabra o, como máximo, hacer uso
de las casillas-premio que doblan el valor de las letras.

El objetivo es, obviamente, conseguir el máximo
número de puntos por cada palabra que queda depositada en el tablero. Nunca hay que jugar con las letras
de una forma irreflexiva; siempre hay que calcular la
puntuación de una posible jugada teniendo en cuenta,
sobre todo, su ubicación en el tablero.

♦ En el propio raíl nunca hay que distribuir las letras
en grupos o aislar alguna de ellas. Deben estar mez-
cladas y espaciadas uniformemente.

♦ Al emplazar una palabra también hay que tener en
cuenta las posibilidades de alargarla y, sobre todo,
las casillas-premio a que puede acceder el oponente usando aquella palabra como trampolín.

♦ Siempre hay que mirar primero si se puede añadir
una letra a la palabra anterior, ya que ello significa
puntuar por toda la palabra. Sin embargo, hay que

tener en cuenta que el contrario buscará lo mismo; por tanto, es mejor no darle oportunidades de hacerlo.

- Las fichas blancas (comodines) son un arma muy valiosa. Por eso es mejor guardarlas para el final, a menos que con una de ellas se pueda cerrar una palabra que arroje más de 25 puntos.

- Es buena táctica conservar en el raíl un cierto equilibrio entre vocales y consonantes, a razón de tres vocales por cuatro consonantes. De esta manera se mantiene un cierta flexibilidad.

- Comenzar la partida con muchas vocales hace fácil ir hacia adelante; sin embargo, más consonantes pueden dificultar el juego del oponente. Si la primera recogida de fichas arroja un exceso de vocales, es mejor deshacerse de algunas aunque implique un turno. Ello es especialmente necesario al principio si uno no puede puntuar más de 10.

- Si se tienen dos o tres letras iguales (por ejemplo, tres S) es preferible jugar dos o más para conseguir el equilibrio.

- Jamás hay que colocar vocales cerca de las casillas-premio, ya que es una invitación para que el contrario las aproveche en el próximo turno.

- Las letras que puntúan muy alto son buenas para jugar al principio de la partida; sin embargo, al final (ya que son difíciles de colocar) pueden convertirse en un escollo (sobre todo si quedan dos o más en el raíl). También hay que ir con pies de plomo al colocarlas porque resulta muy fácil abrir caminos a la puntuación del enemigo.

- El jugador debe emplazar sus fichas en el tablero de una forma racional que beneficie a sus intereses.

Así, para colocar una palabra larga de puntuación alta, intentará englobar dos o tres casillas-premio.

♦ Es mejor sacrificar unos pocos puntos si se evita que el oponente puntúe.

♦ Es interesante fijarse en qué letras han salido ya. No tiene sentido estar esperando una M o una N si ya han salido todas a juego. Por eso es bueno saber cuántas fichas se cuentan de cada letra.

Es importante plantearse qué tipo de tablero se desea: ¿un tablero abierto, en el que haya oportunidades para puntuar para todos los jugadores, o un tablero bloqueado, en el que sea difícil acceder a una puntuación elevada?

La primera opción, mantener el tablero abierto, es mejor cuando el jugador deduce que su poder de palabra resulta superior al del contrincante o cuando necesita obtener una puntuación muy alta.

La segunda opción es mejor cuando el jugador está por delante con una buena puntuación (entre 40-60 puntos) o recela del poder de palabra de sus contrincantes. En este caso puede ser valioso perder un turno para cambiar las letras que uno tiene, ya que una renovada combinación puede conducir a puntuaciones más altas.

Al final del juego prácticamente todas las fichas están en el tablero, de manera que el jugador puede intentar adivinar qué fichas mantiene ocultas el otro jugador, y jugar en relación con esa especulación.

Es importante ser el primero en acabar todas las fichas, ya que las que quedan en el raíl puntúan en contra de uno mismo.

Al final, uno debe jugar por lo que tiene y dejarse de esperar mejores combinaciones. Hay que sacar el mayor partido posible a las propias armas. Ello es especialmente cierto cuando las grandes puntuaciones ya están en el tablero y son escasas las opciones de ganar puntos sobre las fichas que el oponente tiene en el raíl.

Cuándo termina el juego

El juego termina cuando todas las letras han sido sacadas de la bolsa. En ese momento, cada jugador debe tirar lo que puede a partir de las fichas que posee. Si un jugador no puede colocar las fichas, pasa, pero no está fuera del juego.

El primer jugador que consiga usar todas sus fichas gana la partida. Sin embargo, el juego acostumbra a terminarse cuando los jugadores tienen una o dos fichas, pero ya no hay combinación posible para hacer más palabras.

Las puntuaciones de los jugadores son sumadas y el valor de cada ficha sin jugar se deduce de la puntuación de cada jugador. Si un jugador ha usado todas sus fichas, su puntuación se incrementa a partir de la suma de las fichas de los otros jugadores.

El jugador con la puntuación más alta gana el juego.

Variantes

Scrabble Solitario

El jugador toma siete fichas de la bolsa y forma la palabra de la manera usual; después de anotar su puntuación, sigue la dinámica de crear palabras ayudándose de la bolsa. Al final, suma la puntuación y la compara con la obtenida en otras partidas.

Scrabble duplicado

Puede jugar cualquier número de jugadores, cada uno con su propio tablero. Al principio del juego, un arbitro selecciona siete letras de la bolsa. Los jugadores tienen un tiempo límite para formar palabras que les aseguren la puntuación más alta que pueden obtener. Una vez identificada la combinación con mayor puntuación, se coloca sobre el tablero; el arbitro toma más letras de la bolsa, que serán usadas en el próximo movimiento. El juego continúa hasta que todas las fichas han sido usadas. El ganador es quien ha conseguido una puntuación más alta.

Esta variante se fundamenta realmente en el conocimiento de las palabras y carece de los efectos de estrategia y suerte del juego estándar.

Scrabble con comodines iniciales

Para reducir el elemento suerte asociado a las dos fichas blancas que actúan como comodín, se entrega una de estas fichas a cada jugador al principio. En cualquier momento puede añadir esta ficha a su raíl en vez de completarlo con una ficha normal. Una vez en el raíl, la ficha blanca puede ser jugada de la misma manera que en un juego normal.

Trivial

Historia

Si Monopoly y Scrabble dominaron la primera mitad del siglo XX, Trivial Pursuit arrasó en la segunda mitad. Inventado por dos periodistas canadienses, este juego se convirtió en un fenómeno sin precedentes al venderse más de 15 millones de copias en sólo tres años, venciendo incluso a la «videojuegomanía» que ya comenzaba a hacer estragos.

Ficha técnica

- **Jugadores:** cualquier número.
- **Material:** tablero; tarjetas con preguntas y respuestas; un dado; una ficha para cada jugador; «pasteles» con sus cuñas de puntuación para rellenarlos.
- **Dificultad:** es un juego de información para jugadores de cualquier edad (que tengan, eso sí, un mínimo de conocimientos sobre el tema que se trata).
- **Duración de una partida:** una hora, hora y media.
- **Objetivo:** llegar a la casilla central hexagonal y responder correctamente a una pregunta de un tema

elegido por los demás jugadores. Antes de llegar a este punto, el jugador debe haber ganado todas las porciones de su pastel y haber respondido sin error a una pregunta de cada tema.

REGLAS

Puede jugarse de forma individual o en equipos de igual número de contendientes. Cada jugador selecciona una ficha y recibe el «pastel» vacío y las seis cuñas de puntuación (son como las porciones de un pastel que hay que ir completando); cada una de las porciones es del color de un tema.

Para establecer quién tira primero, los jugadores lanzan el dado y el que consigue la puntuación más alta es el primero. Si dos o más jugadores empatan, tiran otra vez:

- El primer tirador arroja el dado y, comenzando desde la casilla central, mueve su ficha el número de casillas resultante. Puede elegir la dirección que desee. El objetivo es llegar a la casilla principal de un tema para responder la pregunta y obtener la porción de pastel correspondiente.
- En una misma tirada, la ficha puede cambiar de dirección si se encuentra en un cruce, pero no está permitido que vuelva hacia atrás en una misma tirada.
- El jugador siempre debe mover el número completo de casillas que marque el dado.
- Cuando una ficha llega a una casilla de un tema o a una casilla principal, se formula al jugador una pregunta sobre el tema correspondiente.

♦ Cada tema se distingue con un color diferente: azul, geografía; rosa, espectáculos; amarillo, historia; marrón, arte y literatura; verde, ciencias y naturaleza; naranja, deportes y pasatiempos.

♦ La manera de formular la pregunta es la siguiente: en el juego del Trivial Pursuit se incluyen una serie de tarjetas en el interior de una caja, con numerosas preguntas sobre cada tema. El contrincante que preguntará debe tomar una de las tarjetas y formular la pregunta. La respuesta está en el dorso de cada tarjeta.

♦ Si el jugador responde correctamente a la pregunta, puede tirar de nuevo y avanzar su ficha. En ese caso aterrizará en una casilla con un tema diferente y se le realizará una nueva pregunta, utilizando otra tarjeta. Cada vez que se termina con una tarjeta se coloca en la parte trasera de la caja de la que se ha extraído, y para realizar las siguientes preguntas, siempre se toma la nueva tarjeta de la parte delantera de la caja.

♦ El jugador continúa tirando mientras pueda responder a las preguntas. En el momento en que falla, el turno pasa al jugador de su izquierda.

♦ Cuando la pregunta se corresponde con una casilla principal y el jugador responde correctamente, puede colocar la cuña de puntuación del color de la pregunta en su «pastel».

♦ Si el jugador no responde correctamente a la pregunta de una casilla principal, en su siguiente turno debe salir de la casilla principal y volver más adelante.

♦ Si va a parar a una de las doce casillas ilustradas con un dado, tira de nuevo.

♦ Cuando una ficha coincide en la casilla central antes de que tenga el pastel completo, se considera una casilla de tema libre y el jugador puede elegir el tema de la pregunta.

♦ En una misma casilla pueden coincidir cualquier número de fichas.

ESTRATEGIA

♦ En el primer turno, uno puede elegir el tema que desee dirigiéndose hacia la casilla de ese tema.

♦ Es bueno acordar antes el tiempo que se dará a cada turno.

♦ Resulta preferible concretar el grado de precisión que se pedirá. Por ejemplo, en el caso de una persona, ¿es suficiente con el apellido o debe mencionarse el nombre y el apellido?

CUÁNDO TERMINA EL JUEGO

Cuando un jugador ha completado su pastel (es decir, ha respondido correctamente las seis preguntas centrales) debe dirigirse a la casilla central para ganar la partida. Para entrar en la casilla central es preciso que consiga el número exacto; si no pasará sobre ella. Una vez en la casilla, los demás jugadores eligen el tema de la pregunta final:

♦ Si el jugador contesta correctamente, gana la partida.

♦ Si el jugador no contesta correctamente, en el próximo turno deberá abandonar la casilla central e intentar caer en ella de nuevo para conseguir una nueva pregunta final.

Si se diese el caso de que un jugador ganara la partida en el primer turno de juego, debería dar la oportunidad a los demás jugadores de igualar su hazaña.

Juegos
de dados

Historia

Se han encontrado dados con formas prácticamente idénticas a la actual en las tumbas egipcias; también en excavaciones chinas que se remontan al 600 a.C., y en las tumbas reales sumerias de Ur, en el tercer milenio antes de Cristo. De hecho, la mayoría de culturas del mundo han creado, de forma independiente, estructuras semejantes a los dados a lo largo de su respectiva historia.

Y lo que resulta más curioso es la contradicción implícita que conlleva su controvertido nacimiento, porque el dado vio la luz estrechamente vinculado a la religión y a los casinos. En el mundo griego, por ejemplo, durante las ceremonias religiosas, el dado era el encargado de revelar la voluntad de los dioses; en el agora, era el objeto para conseguir la diversión y el beneficio fácil. Su influencia resulta tan grande que incluso está escrita en letras de oro en los anales de la historia. ¿Qué dijo Julio César antes de dirigir sus tropas contra Roma?: su famoso *alea jacta est*, que significa «los dados han sido echados».

Más adelante, en la Edad Media, los dados llegaron a ser tan populares en Europa que la Iglesia se sintió obligada a intervenir, como en tantas otras ocasiones, y los consideró «infernales» a causa de sus orígenes paganos. Sin embargo, continuaron existiendo, ¡no iba a ser menos con uno de los juegos más maleables, portátiles y menos caros de toda la historia!

La verdad es que, hoy por hoy, el dado, continúa despertando la parte jugadora que existe en cada persona.

DADOS DE TODAS CLASES Y SUS INSEPARABLES CUBILETES

Aunque los dados han sido confeccionados con todo tipo de material (marfil, hueso, madera, piedra, metal, gemas, cristal..., y ahora polímeros), lo que no ha variado desde la Grecia antigua es el sistema de numeración que incluye. Las caras están marcadas del 1 al 6 y los números se posicionan de manera que las caras opuestas siempre suman siete; es decir, 1+6, 2+5 y 3+4.

Algunas culturas han preferido el dado de dos caras para los juegos de azar; una moneda puede realizar las mismas funciones que este tipo de dado. También existe el dado piramidal (cinco caras) y el octaedro (ocho caras), que tienen sus propios ámbitos de juego.

Y, por último, los dados de los casinos. Actualmente utilizan unidades especiales, los «dados perfectos», fabricados con las últimas tecnologías para que su simetría sea prácticamente exacta. Todo ello, para asegurarse de que el dado tiene la misma posibilidad de caer por cualquiera de sus seis caras.

La configuración del dado estándar tiene los seis números marcados en sus caras; sin embargo, hoy día también se usan otros tipos de dados. Uno de los más comunes, por ejemplo, es el dado de póquer, que tiene señaladas en sus caras los diferentes símbolos de este juego.

Aunque el dado puede ser sacudido y lanzado con la propia mano, durante la historia se han fabricado numerosos receptáculos para asegurar que el dado realmente se mueva antes de caer. Los griegos usaban unas tazas altas cónicas; los aborígenes americanos, cestas especiales; y los romanos, copas de metal semejantes a los actuales cubiletes.

DADOS Y MATEMÁTICAS

No sólo la suerte manda en los dados; también existen cálculos de probabilidad en torno a las posibilidades de conseguir combinaciones específicas de números.

Porque si un dado tiene seis números, lo que *no* se puede negar es que existe una posibilidad sobre seis de que uno de los lados caiga de cara arriba. En otras palabras, la jugada está cinco a uno en contra del jugador.

Con dos dados, son 36 las posibles combinaciones de números. Además, hay que tener en cuenta que, en este caso:

- Nunca saldrá un 1.
- Sólo hay una posibilidad entre 36 de que se consiga un 1-1.
- Existen seis combinaciones que suman 7 (4+3, 3+4, 5+2, 2+5, 1+6, 6+1); de ahí se deduce que la combinación más común es el 7. Tenerlo en cuenta es positivo, sobre todo en las primeras tiradas; por otra parte, puede ser un mal aliado cuando se trata de obtener una puntuación prefijada.

- Las combinaciones más raras son las que suman 2 y 10 porque sólo pueden salir del 1+1 y 5+5.
- Existen cinco maneras de formar un 5 o un 8; cuatro maneras de conseguir un 6 o un 9; tres maneras de juntar un 4 o un 10, y dos de hacer un 3 o un 11.

Esto, con dos dados. Cuando se tiran tres dados hay 216 combinaciones posibles, 1.296 combinaciones con cuatro dados, etc.

Para calcular las posibilidades de obtener un número concreto existe una fórmula matemática: primero hay que saber cuántas combinaciones de los puntos de los dados arrojan el número deseado, y después restarlo del total de combinaciones que puede realizar el dado.

Siguiendo con el número 7: si consideramos que en dos dados hay seis combinaciones posibles para conseguir *un* 7, y que dos dados producen 36 combinaciones, las probabilidades de obtener un 7 son de 30 a 6, o lo que es lo mismo, de 5 a 1.

NORMAS DE URBANIDAD EN EL JUEGO DE LOS DADOS

El poseedor del turno debe sacudir los dados con firmeza y, según el juego, arrojarlos sobre la mesa y dejar que rueden libremente (el póquer), o posar el vaso boca abajo sobre la mesa y mantenerlos ocultos a la vista del resto de jugadores (el mentiroso).

Mover los dados dentro del cubilete es muy importante porque de esta manera queda claro que el jugador no está manteniéndolos inmovilizados para arrojar una combinación ganadora preparada de antemano.

La etiqueta también aconseja que el jugador arroje los dados lejos de sí mismo; algunas veces, incluso se emplea un libro alto para ejercer de tope de detención.

El número que puntuará es el que queda en la cara superior del dado. Sólo es válido si la superficie del dado está reposando enteramente sobre la mesa. Si existe cualquier reborde u obstáculo que impide que permanezca sobre llano, debe repetirse la tirada.

Una vez que el jugador ha arrojado los dados y éstos todavía ruedan, tiene la posibilidad de detenerlos y anular así la tirada. Tal privilegio sólo puede hacerse efectivo cuando los dados están rodando; si se han detenido, no es posible repetir la tirada.

Para determinar quién comenzará el juego se acostumbra a echarlo a suertes utilizando el propio dado. La persona que consigue la puntuación más alta es el primer jugador (en algunas ocasiones es el que la obtiene más baja). Para determinar el resto, se recolocan todos los jugadores en función de su puntuación (y los empates se dirimen con nuevas tiradas) o se establece el turno a partir del primer jugador, siguiendo el sentido de las agujas del reloj. El jugador que pierde la partida suele comenzar la siguiente.

JUEGOS DE DADOS

Existen muchísimos juegos de dados. Todos tienen algo en común: en última instancia, dependen de la suerte, del azar. Este es el primer gran atractivo de los dados. A partir de ahí pueden sumarse los ingredientes que los jugadores prefieran: estrategia, paralelismos con las cartas o con otros juegos, como el deporte...

El segundo gran atractivo reside en la dinámica de las apuestas. Las cantidades de adrenalina que mueven los dados se multiplican cuando hay una apuesta sobre la mesa. Hasta el juego más simple y más infantil puede convertirse en una aventura excitante si existe una apuesta de por medio. Este es, en cierta manera, el motivo que nos ha llevado a incluir en esta selección de juegos algunos que, por su carácter fácil, parecen pertenecer exclusivamente al mundo de los niños. El secreto para divertirse con cualquiera de las propuestas consiste en aumentar la velocidad y las apuestas. ¡Y a sufrir!

Dados para todas las edades

Los juegos de dados expuestos a continuación son una breve introducción a los juegos más populares, a los que se juegan en todo el mundo, desde los bares hasta la propia familia. Se fundamentan en la suerte y, por eso, son especialmente bien acogidos por los más pequeños.

7-14-21

Ficha técnica

♦ **Jugadores:** de dos a cinco.
♦ **Material:** dos dados.

♦ **Dificultad:** es muy fácil. Es un juego especialmente divertido cuando se utiliza el recurso de las prendas para darle interés.

♦ **Objetivo:** no ser la tercera persona en obtener un 7.

A continuación exponemos la forma tradicional en que se juega en los bares franceses; sin embargo, quede claro que es una de las infinitas posibilidades y que ¡nada más lejos de nuestro objetivo que incitar a la bebida!

Reglas

♦ Cada jugador tira el dado y la puntuación más alta empieza.

♦ Se juega por turnos de una tirada.

♦ El primer jugador que arroje un 7 propone la bebida que desea tomar.

♦ Siguen las tiradas hasta que sale otro 7. El jugador que lo ha obtenido revela el nombre de la bebida que desea.

♦ Sigue corriendo el turno y, al tercer 7, el jugador beberá la mezcla de las dos anteriores.

♦ Pierde el jugador que obtiene el tercer 7 porque se ve obligado a pagar la prenda.

BARBUDI

Ficha técnica

♦ **Jugadores:** dos o más (aunque sólo juegan dos, el resto se divierte realizando apuestas).

♦ **Material:** dos dados, dos cubiletes, fichas.

◆ **Dificultad:** rápido y divertido.
◆ **Objetivo:** lanzar combinaciones ganadoras.

Reglas

Cada jugador tira el dado y la puntuación más alta abre la partida. El otro jugador será el cubridor. El cubridor apuesta contra el tirador y emplaza las fichas que arriesga en el centro de la mesa. El tirador cubre la apuesta o sólo parte de ella; si uno de los dos jugadores no quiere apostar, el turno pasa a dos de los jugadores-espectadores.

Los espectadores, por su parte, pueden realizar las apuestas que deseen sobre el resultado que arrojarán los dados, y también pueden acabar de cubrir la apuesta del cubridor.

Se juega por turnos de varias tiradas:

◆ El primer tirador arroja los dados. Si consigue 3-3, 5-5, 6-6 o 6-5, gana y toma las fichas apostadas.
◆ Si tira 1-1, 2-2 o 4-4, pierde y debe entregar los dados al cubridor para que tire. Si el cubridor obtiene un doble o una puntuación sin valor, devuelve los dados al tirador; si gana, puede tomar el bote y conserva los dados (excepto si saca un 6-5, resultado que concede los dados al tirador, aunque no el bote).
◆ Si obtiene 1-2 pierde, aunque conserva los dados.
◆ El resto de combinaciones no cuenta.

Ambos se van alternando hasta que alguien tira los dados con la combinación ganadora.

BUCK

Ficha técnica

- ◆ **Jugadores:** cualquier número.
- ◆ **Material:** tres dados.
- ◆ **Dificultad:** fácil.
- ◆ **Objetivo:** conseguir 15 puntos arrojando siempre la puntuación más similar a la elegida en la primera fase del juego.

REGLAS

Cada jugador tira el dado y la puntuación más baja abre la partida.

Se juega por turnos de varias tiradas:

- ◆ El primer tirador arroja un dado; el resultado es el número «punto», que será el de referencia durante toda la partida.
- ◆ El tirador lanza los tres dados y gana un punto por cada número «punto» que obtenga. Sigue tirando hasta que no obtiene ningún número «punto». Entonces, pasa su turno al siguiente.
- ◆ Si un jugador consigue tres dados iguales que no sean número «punto», gana un «pequeño *buck*», que equivale a 4 puntos; si obtiene tres dados iguales que sí sean número «punto», gana un «gran *buck*», 15 puntos. Es decir, gana directamente la partida.
- ◆ Cuando un jugador tenga 13 o 14 puntos, para ganar el juego deberá conseguir exactamente la cifra

que le falta para llegar a15, es decir, 1 o 2 puntos. Si se pasa, la tirada no cuenta.

Gana el primer jugador que consigue 15 puntos.

BICHOS

Ficha técnica

♦ **Jugadores:** dos (pueden jugar hasta seis, pero es más divertido con pocos jugadores).
♦ **Material:** un dado, papel y lápiz para cada jugador.
♦ **Dificultad:** es eminentemente infantil; no requiere saber sumar ni deletrear.
♦ **Objetivo:** ser el primero en dibujar un bicho.

Reglas

Cada jugador tira el dado y la puntuación más alta abre la partida. Se juega por turnos de una tirada. El primer tirador arroja los dados y dibuja en su papel la parte del bicho que le otorga su puntuación. Por ejemplo, si consigue un 2, dibujará la cabeza; si consigue un 3, dibujará una pata.

Gana el jugador que completa primero el dibujo.

Puntuación

Cada bicho posee: cuerpo, cabeza, dos ojos, dos antenas, seis patas y una cola. Los puntos de los dados se distribuyen de la siguiente manera:

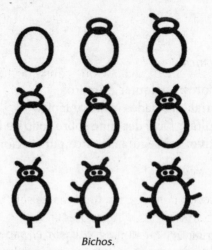

Bichos.

- ♦ **1 puntos:** cuerpo.
- ♦ **2 puntos:** cabeza.
- ♦ **3 puntos:** una pata.
- ♦ **4 puntos:** un ojo.
- ♦ **5 puntos:** una antena.
- ♦ **6 puntos:** cola.

Ningún jugador puede comenzar su dibujo sin haber conseguido antes un 1 (que se corresponde con el cuerpo). Tampoco puede dibujar los ojos ni las antenas sin tener la cabeza (es decir, un 2).

Variantes

Cuando hay más de dos jugadores pueden usarse dos dados y reinventar el bicho y sus partes.

Chicago

Ficha técnica

- **Jugadores:** cualquier número.
- **Material:** dos dados, papel y lápiz.
- **Dificultad:** fácil; depende sobre todo de la suerte.
- **Objetivo:** conseguir las once puntuaciones necesarias.

Reglas

Antes de comenzar el juego, tomar el papel y diseñar una tabla con tantas columnas como jugadores haya (+1) y 11 (+1) filas. Encabezar las columnas con el nombre de los jugadores, y las filas, con las rondas realizadas, de la 1 a la 11.

Cada jugador tira el dado y la puntuación más alta abre la partida. Se juega por turnos de una tirada:

- El primer tirador arroja los dados. En la primera ronda, cada jugador debe conseguir un 2 sumando la puntuación de los dos dados. Si lo consigue, anota 2 puntos; si no, ninguno.
- En la segunda ronda, cada jugador debe conseguir un tres mediante la suma de los números de los dos dados. El que lo logre anotará 3 puntos en la segunda ronda de la tabla.

Y así sucesivamente, aumentando un punto cada vez hasta llegar a 12. La puntuación siempre será equivalente al número jugado. Gana el jugador que, tras las once rondas, logra más puntos.

CRAPS

Ficha técnica

- **Jugadores:** desde 2 hasta 12 (es mejor con muchos jugadores).
- **Material:** dos dados, fichas.
- **Dificultad:** rápido y divertido, con o sin apuestas. Ideal para toda la familia. Este juego es especialmente atractivo porque los jugadores pueden unirse o separarse en cualquier momento.
- **Objetivo:** ganar el mayor número de apuestas con las jugadas propias y ajenas.

Reglas

Cada jugador tira el dado y la puntuación más alta abre la partida. Se juega por turnos de varias tiradas:

- El primer tirador establece su apuesta y pone sobre la mesa el número de fichas correspondiente. Afirma, por ejemplo: «Tiro diez. ¿Quién me cubre?».
- Cualquier jugador puede cubrir su apuesta y colocar el mismo número de fichas sobre la mesa. No es necesario cubrir toda la apuesta; si el primero ha emplazado cinco fichas, los restantes pueden preferir poner dos o tres fichas hasta que la apuesta quede cubierta. Si una parte de la apuesta no quedara cubierta, el primer jugador debería retirar el sobrante.
- El tirador lanza los dados. Si suman 7 u 11 en la primera tirada, se considera *nick* y gana el tirador. Toma todas las fichas depositadas en el centro de la mesa y puede realizar una nueva apuesta y tirar de nuevo.

♦ Si los dados arrojan 2, 3 o 12 se trata de un *crap*. El tirador ha sido «pillado» y pierde las fichas que tenía apostadas. Conserva los dados, sin embargo. Puede realizar una nueva apuesta y tirar de nuevo.

♦ Si el total no es *nick* ni *crap*, sino otro número (4, 5, 6, 8, 9, 10), éste se convierte en el «punto» del tirador. Para ganar el bote debe tirar los dados hasta que consiga la misma combinación otra vez. Si durante este proceso arroja un 7, pierde su «punto» y el turno; por tanto, debe pasar los dados al próximo jugador y pierde sus fichas. Los demás jugadores ganan las apuestas que habían realizado (recuperan el doble de lo invertido).

En el terreno de las apuestas, lo más corriente es que el jugador que está en racha apueste sus fichas y las ganancias obtenidas durante tres tiradas como máximo; después, por prudencia, acostumbra a volver a la apuesta original.

El tirador sólo pierde el turno cuando pierde el «punto» o cuando decide dejar de apostar; en cualquier momento, sin embargo, puede decidir plantarse y pasar los dados al próximo jugador, aunque tenga derecho a realizar la tirada.

Las apuestas no se ciñen sólo a las depositadas en la mesa antes de tirar. Se pueden efectuar apuestas subsidiarias entre otros jugadores o entre el tirador y otros jugadores. Después de lanzar los dados, el tirador puede realizar una apuesta sobre la siguiente tirada, que se suma a la primera. Algunas veces, el tirador gana las apuestas subsidiarias y pierde todas las fichas del centro de la mesa y el turno.

Estrategia

Resultaría interesante releer las indicaciones facilitadas en el apartado «Los dados y las matemáticas» porque, en el momento en que el tirador lanza el dado, tiene las mismas posibilidades de ganar que de perder; sin embargo, una vez arrojado, las posibilidades acostumbran a ir contra él.

DADOS CONTRA LA PARED

Ficha técnica

- ♦ **Jugadores:** dos o más.
- ♦ **Material:** un dado para cada jugador.
- ♦ **Dificultad:** muy fácil. Implica más psicomotricidad que suerte o estrategia. Para todas las edades.
- ♦ **Objetivo:** tirar el dado lo más cerca posible de la pared, pero sin tocarla.

Reglas

Cada jugador tira el dado y la puntuación más alta abre la partida. Se juega por turnos de una tirada.

Cada jugador lanza su dado lo más cerca posible de la pared, y gana el jugador cuyo dado queda más cerca. Su puntuación se corresponde con los números de los dados de todos los jugadores. Si un jugador toca la pared, pierde.

El jugador que gana es el que comienza la siguiente ronda. En realidad, el último jugador en tirar es el que tiene más ventaja porque sabe qué han hecho los demás.

Drop dead

Ficha técnica

♦ **Jugadores:** cualquier número.
♦ **Material:** cinco dados, un cubilete.
♦ **Dificultad:** fácil.
♦ **Objetivo:** obtener la puntuación más alta posible, pero sin arrojar 2 ni 5.

Reglas

Se colocan las apuestas en el centro de la mesa formando bote. Cada jugador tira el dado y la puntuación más baja abre la partida. Se juega por turnos de varias tiradas:

♦ El primer tirador arroja los dados y suma los puntos resultantes. Si hay algún 2 o algún 5, la tirada no puntúa y cada uno de los dados que marcaban 2 o 5 es retirado del juego.
♦ Los dados restantes son arrojados de nuevo. El jugador sigue tirando hasta que los cinco dados han sido eliminados. Entonces pierde el turno. Su puntuación es la obtenida en todas las tiradas donde no figuraron un 2 ni un 5.

Se efectúa una ronda con todos los jugadores. Gana el jugador con la puntuación más alta, y se queda el bote.

Juego comentado

♦ **1.ª tirada:** 1-3-4-5-6, como ha obtenido un 5, no puntúa y retira el dado con el número fatídico.

- **2.ª tirada (con cuatro dados):** 4-3-1-6; puntúa 14.
- **3.ª tirada (con cuatro dados):** 3-3-2-2; no hay puntuación.
- **4.ª tirada (con dos dados):** 2-1; no puntúa.
- **5.ª tirada (con un dado):** 5; no puntúa.

El jugador ha perdido todos los dados y debe pasar el turno al próximo jugador. Su puntuación es de 14 puntos.

FARKLE

Ficha técnica

- **Jugadores:** uno, dos o tres.
- **Material:** seis dados, un cubilete, libreta para anotar los puntos.
- **Dificultad:** es bueno para niños, aunque el sistema de puntuación resulta un poco complejo.
- **Objetivo:** obtener los 10.000 puntos a partir de 1, 5, triples o series.

Reglas

Cada jugador tira el dado y la puntuación más alta abre la partida. Se juega por turnos de varias tiradas:

- El primer tirador arroja los dados. Si no obtiene 1, 5, triple o serie, el dado pasa al siguiente jugador, Si obtiene 1, 5 o triple, el dado o dados implicados son retirados y el jugador anota su puntuación. El resto rueda de nuevo.

- Cuando los seis dados han sido eliminados del juego, o si el tirador consigue una serie, regresan de nuevo al cubilete y el jugador tira otra vez.
- El jugador puede realizar tiradas mientras obtenga 1, 5, triple o serie. Cuando lo desee puede plantarse y reclamar su puntuación acumulada. También puede ocurrir que arroje un *farkle* y pierda turno y puntuación.
- Después de la primera ronda, todos los jugadores deben contar con 500 puntos; hasta no tenerlos, no podrán apuntarlos.
- Si el tirador con puntos acumulados en su tirada sufre un *farkle*, el próximo jugador puede apropiarse de la puntuación perdida si no arroja un *farkle* a su vez (dicho de otra manera, si obtiene un 1, 5, triple o serie).
- Si un jugador tira durante tres turnos sucesivos y en todos arroja un *farkle*, pierde 1.000 puntos de su puntuación.

Gana el primer jugador que obtiene 10.000 puntos (algunos prefieren jugar sobre 5.000).

Puntuación

Las puntuaciones de los dados se distribuyen de la siguiente manera:
- 1: 100 puntos.
- 5: 50 puntos.
- Triple (por ejemplo, 4-4-4); 4 x 100 puntos.
- Serie 1-1-1: 1.000 puntos.
- Serie 1-2-3-4-5-6: 1.000 puntos (si la serie no es completa, no puntúa).

Juego comentado

♦ **1.ª tirada:** 5-1-4-3-6-6. El 5 y el 1 son retirados y suman 150.

♦ **2.ª tirada:** 3-3-3-2. Los tres 3 son retirados, suman 300 (3 x 100).

♦ **3.ª tirada:** 5. El 5 es retirado. Suma 50.

Como todos los dados han sido retirados, el jugador los recupera de nuevo.

♦ **4.ª tirada:** 5-4-6-2-2-2. El 5 y los tres 2 son retirados y suman250 puntos: 50 + (2 x 100).

Hasta ahora, el jugador cuenta con 750 puntos; en cualquier momento puede elegir retirarse o continuar.

♦ **5.ª tirada:** 3-4, es un *farkle*. El jugador pierde su turno y su puntuación total pasa a cero.

CINCUENTA

Ficha técnica

♦ **Jugadores:** dos.
♦ **Material:** dos dados.
♦ **Dificultad:** es uno de los juegos de dados más fáciles.
♦ **Objetivo:** ser el primero en sumar 50 puntos.

Reglas

Cada jugador tira el dado y la puntuación más alta abre la partida. Se juega por turnos de varias tiradas.

El primer tirador arroja los dados tantas veces como considere necesario con el objetivo de conseguir un total de 50 puntos. Cuantas menos tiradas, mejor. Gana quien llega antes a los 50 puntos.

Puntuación

- Solamente puntúan los dobles (1-1, 2-2...), que dan 5 puntos.
- El doble 6 suma 25 puntos.
- El doble 3 hace que el jugador pierda todo lo acumulado hasta el momento y tenga que comenzar de nuevo.

Hacia Boston

Ficha técnica

- **Jugadores:** cuatro o más.
- **Material:** tres dados, un cubilete, 10 fichas para cada jugador.
- **Dificultad:** implica saber contar; es ideal para niños.
- **Objetivo:** obtener la mayor puntuación en cada ronda.

Reglas

Antes de comenzar la partida, cada jugador apuesta una ficha, formándose un bote en el centro de la mesa. Cada jugador tira el dado y la puntuación más alta abre la partida. Se juega por turnos de tres tiradas:

- El primer tirador arroja los dados y separa el número más alto. Si es doble, devuelve uno de los dados al cubilete. Tira los dos dados restantes y otra vez elige el más alto. Luego tira el único dado que quedaba. El total de la suma es su puntuación.

♦ Se efectúa una ronda con todos los jugadores, y gana la persona con la puntuación más alta, que obtiene las fichas apostadas.

Si se produce un empate, los jugadores, implicados se reparten las fichas o las dejan en reserva para la próxima partida.

Variantes

Para calcular la puntuación de cada jugador se suman los números arrojados por los dos primeros dados y el resultado se multiplica por el tercer número. De esta manera es más difícil que el juego termine en un empate.

Ayudar al vecino

Ficha técnica

♦ **Jugadores:** de 2 a 6.
♦ **Material:** tres dados, un cubilete, 10 fichas por jugador.
♦ **Dificultad:** este juego no requiere estrategia, depende totalmente de la suerte y, para más inri, de la suerte del vecino. Se trata de movimientos rápidos en los que en un momento se tiene una gran fortuna y, al siguiente, se pierde.
♦ **Objetivo:** ser el primero en librarse de las propias fichas.

Reglas

Cada jugador elige un número del 1 al 6, que representa cada cara del dado. El primer jugador es el 1; el segundo, el 2, y así sucesivamente.

Si sólo hay cinco jugadores el número 6 está muerto y es ignorado cuando sale como resultado en los dados. Igual ocurre, si hay cuatro jugadores, con el número 5 y el 6. Si juegan tres individuos, cada uno toma dos números (1-2, 3-4, 5-6). Si juegan dos, cada uno poseerá tres números (1-2-3, 4-5-6).

Se juega por turnos de una tirada. El primer tirador (el número 1) arroja los dados. Los jugadores cuyos números hayan salido en los dados deben colocar, por cada número arrojado, una ficha en el centro de la mesa. Por ejemplo, si el tirador obtiene 1-2-2, él mismo depositará una ficha por el 1, y el jugador número 2 se librará de dos fichas por los 2-2.

El turno pasa al siguiente jugador, y así hasta acabar la partida. Gana el primer jugador que consigue colocar todas sus fichas en el centro de la mesa.

HOOLIGAN

Ficha técnica

- ♦ **Jugadores:** dos o más.
- ♦ **Material:** 5 dados, un cubilete, papel y lápiz.
- ♦ **Dificultad:** es un simple juego de sumar puntuaciones.
- ♦ **Objetivo:** conseguir el máximo de puntos.

Reglas

Antes de comenzar el juego, tomar papel y diseñar una tabla con tantas columnas como jugadores haya (+1) y 7 (+1) filas. Encabezar las columnas con el nombre de los jugadores, y las filas, con los números 1, 2, 3, 4, 5, 6 y H.

Cada jugador tira el dado y la puntuación más alta abre la partida. El juego consta de siete rondas en las que cada jugador posee un turno de tres tiradas:

◆ El primer tirador arroja los dados. Después de esta primera tirada, el jugador debe decir el número por el que está jugando (depende de los que tenga libres en su hoja de anotaciones).

◆ A continuación, el tirador puede retirar todos los dados que han arrojado el número elegido y proceder a realizar la segunda tirada jugando con los dados restantes; y de la misma manera en la tercera tirada.

PUNTOS	A	B	C	D
1	2	4	5	
2			6	4
3	12	9	3	9
4	12			16
5		10	25	15
6	6	24	18	24
H	20	20		

Ejemplo de libreta de puntuaciones en el Hooligan.

♦ Si prefiere no definirse por un número después de su primera tirada, tiene la opción de tirar de nuevo los dados y decidirlo en la segunda tirada. Es una posibilidad, pero implica perder una tirada.

♦ Un jugador sólo tiene una ronda, es decir, un turno para llenar la casilla que seleccione, y cada vez debe elegir un número diferente.

♦ Si no lo ha hecho antes, deberá jugar por el *hooligan* (H) en su tirada final. El *hooligan* es una serie (1-2-3-4-5 o 2-3-4-5-6) y suma 20 puntos.

Gana el jugador que obtiene más puntuación una vez se ha completado la tabla.

Puntuación

La puntuación se establece multiplicando el número elegido para completar la tabla por las veces que lo han arrojado los dados.

Por ejemplo, si el buscador había decidido luchar por el número 5 y lo ha obtenido tres veces en las tres tiradas de los dados, su puntuación será 5 x 3 = 15 puntos.

Si un jugador arrojara los cinco dados con el mismo número, no los retiraría, sino que tiraría de nuevo las dos veces restantes y todos los números coincidentes se sumarían a los de la primera tirada.

Herradura

Ficha técnica

♦ **Jugadores:** dos o más.
♦ **Material:** un dado, fichas, papel y lápiz
♦ **Dificultad:** es muy fácil.
♦ **Objetivo:** dar la vuelta a la herradura y aterrizar en la casilla número 30.

Reglas

Antes de comenzar el juego hay que tomar un papel y dibujar en él una herradura gigante, dividida en 30 espacios o casillas, con los números del 1 al 30 dibujados en su interior.

Cada jugador tira el dado y coloca su ficha en la casilla correspondiente de la herradura. En cada turno se avanza la ficha.

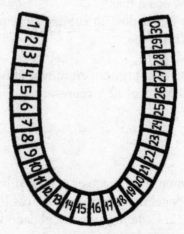

Tablero de juego de la herradura.

Cada vez que un jugador cae en una casilla ocupada por otro, manda la ficha del contrincante a la casilla 1, a comenzar de nuevo.

Si un jugador que está a punto de terminar el recorrido arroja un resultado más alto que el necesario, debe sobrepasar con su ficha la casilla 30 y seguir contando a partir de la 1. Es decir, si estaba en la casilla 29 y consigue un 6, deberá desplazarse hasta la casilla número 5 y continuar desde allí.

Gana la partida el primer jugador que consigue llegar exactamente a la casilla número 30.

Ohio

Conocido también como Centennial o Martinetti.

Ficha técnica

- **Jugadores:** dos o más.
- **Material:** tres dados, un cubilete, una pizarra o papel y lápiz, fichas.
- **Dificultad:** fácil.
- **Objetivo:** ser el primero en mover la ficha desde el número 1 hasta el 12 y regresar.

Reglas

Antes de comenzar el juego es preciso dibujar sobre la pizarra o el papel un recorrido de 12 casillas, numeradas del 1 al 12. Cada jugador tira el dado y la puntuación más alta abre la partida.

Se juega por turnos de varias tiradas:

♦ El primer tirador arroja los dados. Si consigue un 1, coloca su ficha en la casilla número 1; si no lo consigue, pierde el turno.

♦ Las fichas se mueven de casilla en casilla en secuencia de numeración ascendente. Es decir, hay que conseguir cada uno de los números para pasar de una casilla a la otra (por ejemplo, después de haber entrado en la casilla 1, debe pasar a la 2, después a la 3, y así sucesivamente).

♦ Para lograrlo con una cierta agilidad, el resultado que arrojan los dados puede sumarse a conveniencia. Por ejemplo, si la ficha está en la casilla 3, el paso a la 4 puede conseguirse con un 4, 2+2, 1 + 3 o 1+2 + 1.

Tablero de juego del Ohio.

♦ Es posible avanzar más de una casilla en una sola tirada gracias a las combinaciones de los dados. Por ejemplo, si los dados han arrojado 1-2-3 y la ficha está en la casilla 1, puede avanzar a la 2, a la 3, a la 4 (1 + 3 = 4), a la 5 (2 + 3 = 5.) y a la 6 (2 + 3 + 1 = 6).

♦ Mientras el jugador pueda mover su ficha tiene la posibilidad de tirar de nuevo. Cuando no puede usar la puntuación obtenida, debe ceder el turno al siguiente jugador.

Es muy importante que el otro jugador esté atento al resultado de los dados porque si el poseedor del turno se despista y no usa una combinación que favorece a su contrincante, éste puede reclamarla en su propio favor. Debe hacerlo tan pronto como los dados hayan pasado a su poder.

Gana el primer jugador cuya ficha viaja desde la casilla 1 hasta la 12 y regresa.

Par

Ficha técnica

- ♦ **Jugadores:** dos o más.
- ♦ **Material:** cinco dados, fichas.
- ♦ **Dificultad:** fácil.
- ♦ **Objetivo:** conseguir 24 puntos o más tirando los dados.

Reglas

Cada jugador tira el dado y la puntuación más alta abre la partida. Se juega por turnos de entre 1 y 5 tiradas:

- ♦ El primer tirador arroja los dados. Puede plantarse tras esta tirada si consigue 24 puntos o más, o puede realizar cuatro tiradas más intentando mejorar su puntuación. Primero lanzará cuatro dados, después tres, después dos y después uno, apartando cada vez el dado que le favorezca más.
- ♦ Si consigue 24 puntos, gana.
- ♦ Si consigue menos de 24 puntos, paga a cada jugador la diferencia entre su puntuación y 24.
- ♦ Si consigue más de 24, la diferencia entre su puntuación y 24 se convierte en su «punto». Por ejemplo,

si ha conseguido 27, cuenta con un «punto» de 3 (27-24).

♦ El jugador debe tirar los cinco dados de nuevo (sólo una vez) y por cada 3 que aparezca, tomará tres fichas de cada jugador (si el número «punto» fuera el 4, serían cuatro fichas).

Pig

Ficha técnica

♦ **Jugadores:** dos o más.
♦ **Material:** un dado, papel y lápiz.
♦ **Dificultad:** para todas las edades.
♦ **Objetivo:** conseguir 100 puntos.

Reglas

Cada jugador tira el dado y la puntuación más baja abre la partida. Se juega por turnos de varias tiradas:

♦ El primer tirador arroja el dado tantas veces como desea y suma los números que van mostrando los dados.
♦ Si obtiene un as (1), pierde toda la puntuación que había logrado y el dado pasa al siguiente jugador.
♦ El dado puede pasarse al contrincante en cualquier momento mientras el as (1) no haya salido; en este caso, el jugador conserva su puntuación.

Gana quien consigue 100 puntos.

El juego parece dar ventaja al primer tirador porque si obtiene los 100 puntos en la primera ronda, se declara. ganador sin que los otros hayan tenido oportunidad de jugar.

Sin embargo, si se da este caso, los otros jugadores tienen el derecho de realizar su ronda y gana quien consigue una puntuación más alta, es decir, más allá de los 100 puntos. De esta manera, la ventaja pasa a manos de los otros jugadores.

PREVISIÓN

Ficha técnica

- ♦ **Jugadores:** dos.
- ♦ **Material:** dos dados, un cubilete, fichas.
- ♦ **Dificultad:** fácil.
- ♦ **Objetivo:** obtener en la tirada los puntos previstos.

Reglas

Se colocan las apuestas sobre la mesa formando el bote. Luego se decide la sanción por errar en la previsión; se pagará, por ejemplo, un tanto por punto equivocado. Si el jugador prevé un 5 y obtiene un 7, pagaría dos fichas.

Cada jugador tira el dado y la puntuación más alta abre la partida. Se juega por turnos de una tirada.

El primer tirador arroja los dados. Si acierta, gana lo que hay en el bote; si no, paga la multa. Finaliza la partida cuando no queda nada en el bote, y gana el jugador más «rico».

Rafle

Ficha técnica

- **Jugadores:** cualquier número.
- **Material:** dos dados, un cubilete.
- **Dificultad:** fácil.
- **Objetivo:** obtener dobles en el mayor número de tiradas que sea posible.

Reglas

Antes de comenzar el juego se decide la cantidad que se apostará (todos igual) y se establecen los premios que obtendrán los dobles, de menor a mayor, es decir, de doble 1 a doble 6. También se fija la sanción que deberá pagar al bote el jugador que no consiga doble en su tirada.

Cada jugador tira el dado y la puntuación más alta abre la partida. Se juega por turnos de una tirada.

El primer tirador arroja los dados. Si logra doble, cobra del bote; si no, paga. La partida se acaba cuando se termina el contenido del bote, y gana el jugador más «rico».

Tres y cinco (ROUND THE SPOT)

Ficha técnica

- **Jugadores:** dos o más.
- **Material:** tres dados.
- **Dificultad:** muy fácil.
- **Objetivo:** obtener la mayor puntuación posible.

Reglas

Cada jugador tira el dado y la puntuación más alta abre la partida. Se juega por turnos de tres tiradas.

El sistema de puntuación es el siguiente: sólo cuentan los números que tienen uno de los círculos negros que lo componen rodeado por otros, es decir, el 3 y el 5. El 3 puntúa dos, y el 5, cuatro. El resto de números no cuenta.

Gana, en cada ronda, quien obtiene más puntuación.

BARCO, CAPITÁN, OFICIAL, TRIPULACIÓN

Ficha técnica

- **Jugadores:** dos o más.
- **Material:** cinco dados, fichas.
- **Dificultad:** es divertido porque implica una acción de juego muy rápida y dinámica. Apto para toda la familia. Este juego también se conoce como «batalla marina» o «destructor».
- **Objetivo:** arrojar con los dados un 6 (el barco), un 5 (el capitán) y un 4 .(el oficial), en este orden, en tres tiradas consecutivas.

Reglas

Cada participante pone en el centro de la mesa la cantidad acordada para apostar, formando el bote.

Los jugadores tiran el dado y la puntuación más alta abre la partida. Se juega por turnos de una a tres tiradas:

♦ El primer tirador arroja los dados. Si, por ejemplo, consigue un 6 y un 5 en la primera tirada, puede ponerlos aparte. En la siguiente tirada deberá buscar el 4.

♦ Si en la primera tirada hubiera obtenido 6 y 4, sólo podría haber apartado el 6 y los restantes dados hubieran debido rodar por el 5 y el 4.

♦ Si el jugador consigue 6, 5 y 4 en sus tres tiradas, los números arrojados por los dos dados restantes, la «tripulación», son sumados y se consideran su puntuación. Si consigue, en la primera o segunda tirada, los tres números imprescindibles, puede utilizar las restantes tiradas para aumentar su tripulación.

Gana el jugador con la puntuación más alta. Un empate anula la partida y debe repetirse.

CERRAR LA CASILLA *(SHUT THE BOX)*

Ficha técnica

♦ **Jugadores:** dos o más.
♦ **Material:** dos dados, papel y lápiz para cada jugador, 12 fichas para cada jugador.
♦ **Dificultad:** un buen juego familiar.
♦ **Objetivo:** cubrir con fichas las 12 casillas dibujadas.

Reglas

Antes de comenzar el juego, cada jugador toma su papel, dibuja 12 casillas numeradas del 1 al 12, y lo coloca sobre la mesa con las 12 fichas cerca.

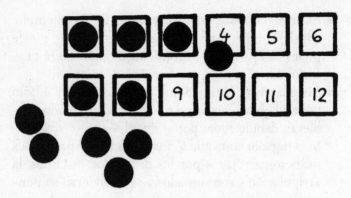

Cerrar la casilla.

Cada jugador tira el dado y la puntuación más alta abre la partida. Se juega por turnos de varias tiradas:

♦ El primer tirador arroja los dados, suma su valor y decide qué casillas va a llenar. Los números de las casillas rellenadas, sumados, deben corresponderse a la cifra arrojada por los dados. Por ejemplo, si consigue un 5, podrá llenar las casillas 4 y 1, 3 y 2, o 5.
♦ Una vez se han cerrado las casillas 7, 8, 9, 10, 11 y 12, sólo puede tirarse un dado.
♦ El jugador debe seguir tirando hasta que no puede realizar ninguna combinación con los números arrojados por los dados. Entonces pasa el dado a su contrincante.

Gana quien cierra todas las casillas o quien tiene un número inferior de casillas abiertas.

Tirada infalible (STRAIGHT SHOOTER)

Ficha técnica

♦ **Jugadores:** uno o más.
♦ **Material:** seis dados, un cubilete.
♦ **Dificultad:** facilísimo, idóneo para pasar el tiempo y divertirse mucho. En realidad, es una versión simplificada del *farkle*, especialmente indicada para que los niños vayan acostumbrándose a las puntuaciones combinadas.
♦ **Objetivo:** conseguir 100 puntos o más desde secuencias de 1-2.

Reglas

Cada jugador tira el dado y la puntuación más alta abre la partida. Se juega por turnos de una tirada. El primer tirador arroja los dados y anota su puntuación. Pasa el turno al siguiente, y así sucesivamente. Gana el primero en sumar 100 puntos.

Puntuación

Puntos según las secuencias conseguidas:

♦ **1-2:** 5 puntos.
♦ **1-2-3:** 10 puntos.
♦ **1-2-3-4:** 15 puntos.
♦ **1-2-3-4-5:** 20 puntos.
♦ **1-2-3-4-5-6:** 25 puntos.

Si un jugador arroja 1-1-1, pierde todos los puntos acumulados y comienza desde cero.

TREINTA Y SEIS

Ficha técnica

- ♦ **Jugadores:** cualquier número.
- ♦ **Material:** un dado, fichas.
- ♦ **Dificultad:** fácil.
- ♦ **Objetivo:** conseguir una puntuación menor o igual a 36.

Reglas

Los jugadores emplazan sus apuestas sobre la mesa.

Cada jugador tira el dado y la puntuación más alta abre la partida; se juega por turnos de varias tiradas.

El primer tirador arroja los dados las veces que considere necesario para acercarse lo más posible al número 36, y suma los tantos que va obteniendo.

Si supera el 36, pierde lo apostado. Cuando se planta, pasa el turno al próximo jugador.

Gana el jugador que ha conseguido el 36 o que más se ha acercado; si se produce empate, se dirime con una nueva tirada y el ganador se lleva lo apostado.

VEINTIUNO

Este juego de dados está basado en el popular juego de cartas del *black-jack*.

Ficha técnica

- ◆ **Jugadores:** dos o más.
- ◆ **Material:** un dado, fichas para cada jugador.
- ◆ **Dificultad:** el juego depende de la suerte; sin embargo, un buen juego depende también de una buena comprensión de las posibilidades de los impares.
- ◆ **Objetivo:** sumar 21 puntos.

Reglas

Los jugadores ponen una ficha en el bote. Cada jugador tira el dado y la puntuación más alta abre la partida. Se juega por turnos de varias tiradas.

El primer tirador arroja el dado tantas veces como desea para conseguir 21 puntos o un número próximo, pero siempre inferior. Si tiene la mala suerte de superar el 21, queda eliminado de la ronda. Por eso, cuando se consigue, por ejemplo, un 19, quizá es preferible plantarse.

Una vez terminada la ronda, y cuando todos los jugadores han tirado, gana el que ha obtenido un 21 o la puntuación más cercana a éste. El ganador se queda con el contenido del bote y comienza una nueva ronda.

Si se ha producido un empate, ambos jugadores tiran de nuevo y el ganador es quien obtiene la puntuación más alta.

Dados y deporte

El deporte es competición. Quizá por eso encaja tan bien con los dados; tanto, que muchos juegos de dados intentan emular los grandes deportes. En este apartado se reseñan algunos de los más conocidos. Su gran atractivo para los conocedores del deporte es que, en cierto modo, unen la maleabilidad y el interés de los dados, al deporte que les apasiona.

BALONCESTO

Es la versión en dados del juego del baloncesto.

Ficha técnica

- ♦ **Jugadores:** dos (cada jugador representa un equipo).
- ♦ **Material:** entre dos y diez dados (la mayoría usan ocho porque asegura un juego más realista y rápido), papel y lápiz.
- ♦ **Dificultad:** fácil si se conocen las reglas de juego del baloncesto.
- ♦ **Objetivo:** como en el baloncesto, obtener la máxima puntuación, ganando el partido.

Reglas

Antes de comenzar el juego, tomar el papel y diseñar una tabla con tantas columnas como jugadores haya (+1) y 4 (4-1) filas. Encabezar las columnas con el nombre de los jugadores, y las filas, con cada una de las cuatro partes en las que se divide el juego. En cada una de las partes, cada jugador tirará los ocho dados una vez y el total de los dados será la puntuación que habrá obtenido en cada parte.

Si el juego se lleva a cabo solamente con dos dados, cada jugador tirará el dado cuatro veces para determinar la puntuación de la parte.

Gana el jugador con la puntuación más alta en las cuatro partes. Si el juego termina en empate, éste se dirime jugando partes extra hasta que queda establecido un ganador.

BÉISBOL

Es la versión en dados del juego del béisbol.

Ficha técnica

- ♦ **Jugadores:** dos.
- ♦ **Material:** un dado, tres ficha spor jugador, papel y lápiz.
- ♦ **Dificultad:** fácil, sobretodo si se conoce el juego del béisbol.
- ♦ **Objetivo:** puntuar el número más alto de carreras en los nueve turnos que constituyen el juego.

Reglas

Antes de empezar el juego, tomar dos hojas de papel: una se utilizará como esquema de juego, y la otra, para anotar las puntuaciones. En la primera, dibujar un diagrama de béisbol, un rombo con un círculo-base en cada uno de sus extremos; en la segunda, diseñar una tabla con tantas columnas como jugadores haya (+1) y 9 (4-1) filas. Encabezar las columnas con el nombre de los jugadores, y las filas, con cada una de las rondas que se realizarán.

Cada jugador tira el dado y la puntuación más alta abre la partida. Se juega por turnos de varias tiradas, estructurados en la primera media entrada (que corresponde al primer jugador) y la segunda media entrada (que corresponde al segundo jugador).

El primer tirador arroja los dados. Al comenzar el juego, o cuando las bases están vacías, una tirada que arroje 1, 2 o 3 permite al jugador poner una ficha en cualquiera de las tres bases.

Si el jugador consigue 1, 2 o 3 otra vez, puede mover la ficha alrededor del rombo el número de bases conseguido y colocar otra ficha en la base que ostenta el número arrojado. Por ejemplo, si tiene una ficha en la primera base y arroja un 2, la ficha avanza hacia la base tres y una nueva ficha entra en la segunda base.

Cada vez que una ficha llega a la base casa (4) ha realizado una «carrera». Una simple tirada puede otorgar más de una carrera si permite la llegada a la cuarta base de más de una ficha. Por ejemplo, un jugador con fichas en la segunda y tercera bases, si tira un 2, ambas fichas avanzan hacia la base casa y puntúa dos carreras. Al mismo tiempo, una nueva ficha entra en la base dos.

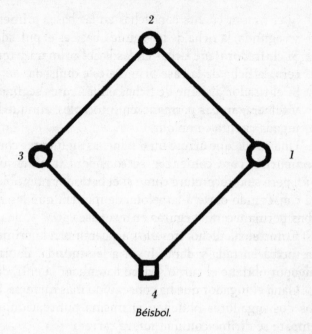

Béisbol.

Una tirada que arroje un 4 cuenta como una carrera y lleva todas las fichas a la casa base. La puntuación será, de esta manera, de una carrera por cada ficha que haya llegado a la base casa.

Cada jugador, durante su turno desarrolla «media entrada». La media entrada inicial termina cuando el primer jugador ha arrojado tres *outs* (tiradas de 5 o 6).

Una tirada que arroje un 5 tiene las siguientes consecuencias:

- ♦ Si el tirador posee sólo una ficha en las bases, ésta es expulsada del juego.
- ♦ Si el tirador tiene fichas en todas las bases, la de la base primera es expulsada.

- Si el tirador cuenta con fichas en las bases primera y segunda, la ficha de la segunda base es expulsada.
- Si el tirador tiene fichas en las bases primera y tercera, la ficha de la base primera es expulsada.
- Si el tirador dispone de fichas en las bases segunda y tercera, ambas permanecen intocables, aunque la jugada cuenta como *out*.

Una tirada que arroje un 6 tiene las siguientes consecuencias: para comenzar, se considera también un *out*, pero se interpretará como si el bateador no hubiera conseguido darle a la pelota, de manera que las fichas permanecerán seguras en sus bases.

Como se ha dicho, tres *outs* acabarán con la primera media entrada y darán lugar a la segunda. El otro jugador obtiene el turno y debe completar la entrada.

Gana el jugador que ha conseguido más carreras. Si los dos jugadores obtienen la misma puntuación, el empate se dirime con una nueva carrera.

GOLF

Es la versión en dados del juego del golf.

Ficha técnica

- **Jugadores:** cualquier número.
- **Material:** tres dados, un cubilete, papel y lápiz.
- **Dificultad:** sólo hace falta saber reconocer los dobles.
- **Objetivo:** conseguir todos los hoyos con la menor puntuación posible. Se consiguen arrojando dobles y obteniendo las puntuaciones más bajas en 18 turnos.

Reglas

Antes de comenzar el juego, tomar el papel y diseñar una tabla con tantas columnas como jugadores haya (+1) y 18 (+1) filas. Encabezar las columnas con el nombre de los jugadores, y las filas, con cada uno de los 18 hoyos a realizar.

Cada jugador tira el dado y la puntuación más alta abre la partida. Se juega por turnos de varias tiradas:

- El primer tirador arroja los dados. Si todos los números de los dados son diferentes, ha realizado un «golpe» *(stroke)* y tira otra vez, contando como golpe cada tirada en la que todos los dados son diferentes. Cuando finalmente logra un doble, consigue el hoyo.
- El jugador debe anotar el número de golpes que ha necesitado (incluyendo el del doble) para conseguir el hoyo. Luego pasa los dados al siguiente jugador.
- Cada jugador tira los dados hasta que consigue el doble y hace el hoyo. Cada ronda sirve para hacer un hoyo, y el juego termina después de conseguir 18 hoyos.

Gana el jugador que ha necesitado menor número de golpes para completar el recorrido.

Dados y baraja

Los dados también mantienen una brillante y estrecha relación con las cartas. Ambos juegos combinan suerte y estrategia en proporciones más o menos similares, según el juego. Los amantes de las cartas suelen dejarse llevar por la agilidad de los dados y la rapidez y fluidez del juego. Incluso existe el popularísimo dado del póquer, cuyas caras presentan algunos de los símbolos del juego del póquer y permiten realizar las principales figuras: 9, 10, J (valet), Q (dama), K (rey) y as.

ASES EN EL BOTE *(ACES IN THE POT)*

Ficha técnica

- **Jugadores:** 4 o 5 (aunque se puede jugar con 2 o más).
- **Material:** dos dados estándares, un cubilete, fichas.
- **Dificultad:** totalmente dependiente de la suerte, no implica la menor estrategia. Como recordatorio de su parentesco con las cartas, el as se simboliza con el número 1 del dado.
- **Objetivo:** no arrojar ni as (1) ni 6, y ser la última persona que cuente con una ficha sobre la mesa.

Reglas

Cada jugador juega con dos fichas. Los participantes tiran un dado y la puntuación más alta abre la partida. Se juega por turnos de una tirada.

El primer tirador arroja los dados:

♦ Si consigue un as (1), coloca una ficha en el centro de la mesa, en el bote.
♦ Si arroja un 1-1, sus dos fichas van a parar al centro de la mesa (los ases en el bote).
♦ Si tira un 6, entrega una ficha al jugador de su izquierda. Si tira 6-6, ofrece dos fichas al jugador de su izquierda.
♦ El resto de tiradas son seguras.

Cada jugador tira una vez y pasa el dado al jugador de la izquierda. Sólo pueden jugar los jugadores que todavía conservan fichas; si no tienen, deben decir «paso».

Cuando sólo hay un jugador que tenga una ficha, debe tirar tres veces los dados. Si no arroja ningún 6, gana el bote. Si saca un 6, pasa su ficha al jugador de la izquierda, que tendrá tres tiros para dirimir su suerte.

Gana el primer jugador que consigue realizar las tres tiradas sin arrojar un 6.

Ases

Ficha técnica

♦ **Jugadores:** dos.
♦ **Material:** cinco dados, un cubilete.

♦ **Dificultad:** muy fácil.
♦ **Objetivo:** tirar el último as con el último dado.

Reglas

Cada jugador tira el dado y la puntuación más alta abre la partida. Se juega por turnos de varias tiradas:

♦ El primer tirador arroja los dados y coloca en el centro de la mesa cualquier 1 (as) que haya obtenido. Los 2 o 3 pasan al otro jugador.
♦ El tirador tira de nuevo con los dados restantes hasta que no consigue tirar ni 1, ni 2, ni 3, o hasta que ya no tiene dados; entonces pasa el cubilete a su contrincante.
♦ El segundo jugador lanza los dados aplicando las mismas reglas.
♦ El juego continúa hasta que todos los dados, excepto uno, han pasado al centro de la mesa.
El ganador es quien tira el último as con este dado.

BIDOU PARA DOS

Ficha técnica

♦ **Jugadores:** dos.
♦ **Material:** tres dados de póquer para cada jugador, un cubilete para cada jugador, 9 fichas para cada jugador.
♦ **Dificultad:** hay que estar atento al devenir del juego.
♦ **Objetivo:** al contrario que en el póquer, el jugador intenta quedarse sin fichas a través de las combina-

ciones de los dados. El perdedor es el último jugador que todavía tiene fichas.

Reglas

Esta modalidad se realiza en tres turnos; quien queda con fichas en dos de ellos es el perdedor.

Se colocan las fichas de ambos jugadores sobre la mesa formando el bote. Cada jugador tira el dado y la puntuación más alta abre la partida:

- El primer tirador, que será el «capitán», sacude los dados en el cubilete y lo pone boca abajo sobre la mesa. En cada turno, el jugador puede realizar tres lanzamientos para conseguir mayor puntuación; cada vez deben ser utilizados todos los dados.
- A continuación, tira el adversario y también se reserva el resultado.
- Es el momento de realizar las apuestas. Si los dos jugadores han realizado el mismo número de tiradas, o si el capitán ha utilizado menos tiradas que su oponente, es el capitán quien apuesta o pasa primero. Si el capitán ha tirado más veces que su contrincante, éste se convierte en capitán y realiza la primera apuesta o pasa.
- No es necesario tener una buena mano para realizar apuestas; en este juego es lícito engañar al contrincante.
- Las apuestas se efectúan tomando las fichas del bote y colocándolas delante del jugador. Si ya no quedan fichas en el bote, cada jugador debe utilizar las que haya ido ganando en las diferentes rondas.

♦ Una vez el capitán ha apostado, el otro puede cubrir la apuesta, aumentarla o bien pasar. Mientras uno apueste, la dinámica va siguiendo; se acaba cuando uno de los jugadores duda de la mano del otro o pasa.

♦ Si un jugador duda del otro, ambos muestran sus dados. Todas las fichas de la apuesta son tomadas por el perdedor. El ganador es el capitán de la siguiente ronda.

♦ Si un jugador pasa, debe tomar una ficha del centro como sanción. Todas las fichas son devueltas a su posición original antes de que recomience el juego. El jugador que no ha abandonado es el capitán ahora.

♦ Si ambos jugadores pasan, todo queda igual, excepto el título de capitán, que pasa al otro jugador.

La segunda ronda es exactamente igual que la primera, excepto que cuando los jugadores tiran, tienen la posibilidad de retirar los dados que les sean favorables y arrojar sólo los restantes. Los dados separados deben permanecer ocultos al oponente. Cada jugador puede realizar tres tiradas.

En la tercera ronda, las normas son las mismas que en la primera.

Cuando uno de los jugadores tiene una sola ficha, que es la que apuesta para el próximo turno, puede realizar tres tiradas de los dados para conseguir la combinación más alta.

Su oponente debe hacer lo mismo. Si el primero pierde, debe tomar una ficha y recomienza el juego; si pierde el segundo, debe quedarse con la ficha y, por tanto, gana su contrincante.

Gana el jugador que se libra de todas las fichas.

Puntuación

Hay 22 combinaciones especiales, que ofrecemos a continuación en orden de mayor a menor valor:

- 2-1-1; 2-2-1; 4-2-1.
- 6-6-6; 5-5-5; 4-4-4; 3-3-3; 2-2-2; 1-1-1.
- 3-3-6; 3-3-5; 3-3-4; 3-3-2; 3-3-1.
- 1-1-6; 1-1-5; 1-1-4; 1-1-3.
- 3-2-1; 4-3-2; 5-4-3; 6-5-4.

La combinación 2-1-1 se conoce como *bidou*, y la 2-2-1, como *bidé*.

Como excepción está la combinación 2-2-1, que sólo puede ser vencida por la 1-1-1 (que está más atrasada en la enumeración). En el resto de casos se sigue la pauta establecida en la lista.

El resto de combinaciones se calcula según la puntuación total de los dados. La más alta supera a la inferior; sin embargo, ninguna de ellas está por encima de las 22 combinaciones del *bidou*.

BIDOU PARA MÁS DE DOS JUGADORES

Ficha técnica

- **Jugadores:** dos o más.
- **Material:** tres dados para cada jugador, un cubilete para cada jugador, 6 fichas para cada jugador.
- **Dificultad:** media.
- **Objetivo:** al contrario que en el póquer, el jugador intenta perder todas sus fichas a través de las

combinaciones de los dados; el perdedor es el último jugador que todavía tiene fichas.

Reglas

Cada jugador tira el dado y la puntuación más alta abre la partida. Se juega por turnos de una a tres tiradas.

El capitán, en la primera partida, es el primer tirador, y en las siguientes es el ganador del juego anterior; en caso de que todos los jugadores hubieran pasado, la capitanía sería para el jugador de la izquierda del último capitán:

- ◆ El capitán arroja los dados. En cada turno, el jugador puede realizar tres lanzamientos para conseguir mayor puntuación, y en cada tirada deben ser utilizados todos los dados. El jugador pone el cubilete boca abajo y sólo él puede observar el resultado.
- ◆ Tras la primera ronda se hacen públicas las apuestas. Si todos los jugadores han efectuado el mismo número de tiradas, el mismo jugador continúa siendo el capitán. De otro modo, el jugador que haya realizado menos tiradas y que está más cerca de la izquierda del actual capitán se convierte en capitán. Determinar el capitán es importante porque es quien abre la dinámica de las apuestas.
- ◆ No es necesario tener una buena mano para apostar; uno puede y debe engañar a su contrincante si le conviene.
- ◆ Cada jugador utiliza sus propias fichas y coloca sus apuestas en el centro de la mesa para formar el bote.
- ◆ Una vez el capitán ha apostado, otro puede cubrir la apuesta, aumentarla o pasar. Mientras haya quien

apueste, el juego continúa; se acaba cuando uno de los jugadores duda o abandona. Si un jugador duda del otro, ambos muestran sus dados. Todas las fichas de la apuesta son tomadas por el perdedor. El ganadores el siguiente capitán.

La segunda ronda es exactamente igual que la primera, excepto que cuando el jugador tira, tiene la posibilidad de retirar los dados que le sean favorables y lanzar sólo los restantes. Los dados separados deben permanecer ocultos al contrario. El jugador puede efectuar tres tiradas.

En la tercera ronda, las normas son las mismas que en la primera.

Un jugador que apuesta su última ficha tiene el derecho a participar en la confrontación, incluso si los otros jugadores apuestan más alto. Si pierde, se le devuelve su apuesta y la cantidad equivalente de cada contrincante. Las otras fichas se devuelven a los jugadores para que apuesten.

Si se produce un empate cuando un jugador ha apostado su última ficha, éste debe retomar su apuesta, y los otros, tomar todas sus fichas, excepto una cada uno. Las fichas que quedan se retiran del juego.

Si se produce un empate en cualquier otra circunstancia, cada jugador enfrentado toma una ficha y las restantes se retiran del juego.

Si sólo hay un jugador que apueste en una ronda y todos los demás pasan, puede rechazar una ficha, incluso si es la última.

Cuando sólo dos jugadores tienen fichas, continuarán hasta que uno haya perdido. Si entre ambos poseen más de nueve fichas, cada uno puede desprenderse de una ficha cada vez que apuesta y ésta no sea rechazada.

Cuando entre dos jugadores suman nueve fichas y uno de ellos tiene una sola ficha, que es la que apuesta para el próximo turno, este último puede realizar tres tiradas de los dados para conseguir la combinación más alta. Su oponente debe hacer lo mismo. Si el primero pierde, debe tomar una ficha y recomienza el juego; si pierde el segundo, debe quedarse con la ficha y, por tanto, gana su contrincante.

Gana quien se libra de todas las fichas.

Incidencias

♦ En una confrontación entre dos o más jugadores, el perdedor se queda con todas las fichas que hay en el bote.

♦ Los jugadores que abandonan sin apostar no son sancionados.

♦ El primero que abandona tras apostar una vez debe tomar del bote la cantidad que ha apostado, más la misma cantidad por jugador que apuesta, más una ficha de sanción. Los siguientes jugadores que abandonen tomarán sólo una ficha de sanción.

♦ Si todos los jugadores abandonan después de que un jugador suba la apuesta, se entrega a éste cualquier ficha que haya quedado en el bote después de las sanciones.

Puntuación

Hay 22 combinaciones especiales, como en el *bidou* para dos.

CARRERA DE DADOS

Ficha técnica

♦ **Jugadores:** cinco o seis jugadores como máximo.
♦ **Material:** cinco dados de póquer, un cubilete.
♦ **Dificultad:** fácil.
♦ **Objetivo:** sumar 3.100 puntos.

Reglas

Cada jugador tira el dado y la puntuación más alta abre la partida. Se juega por turnos de varias tiradas.

El primer tirador arroja los dados las veces que lo considera conveniente y anota su puntuación; tira el segundo jugador, y así sucesivamente.

El turno del jugador dura mientras va anotando puntos, pero si cree que puede tener mala racha, en cualquier momento puede ceder el turno al jugador de la izquierda. El objetivo es conseguir exactamente 3.100 puntos, ni más ni menos; si un jugador rebasa la cifra, se le restan los que sobran de esos 3.100 puntos.

Gana el primero que consigue 3.100 puntos.

Puntuación

El valor de los símbolos del póquer es el siguiente:

♦ **As:** 100 puntos.
♦ **Trío de ases:** 1.000 puntos.
♦ **Trío de K:** 500 puntos.
♦ **Trío de Q:** 400 puntos.
♦ **Trío de J:** 300 puntos.

Excepciones:

♦ Un trío de 10 da derecho a tirar tres veces más.
♦ Un trío de 9 anula todos los puntos obtenidos hasta el momento y hay que comenzar desde 0.
♦ Que en una tirada no aparezca un as o un 9 también anula los puntos acumulados. Eso nunca ocurre en la primera tirada; se aplica de la segunda en adelante. Tampoco se aplica cuando el jugador está realizando las tres tiradas extra obtenidas con un trío de 10.

EL MENTIROSO

Ficha técnica

♦ **Jugadores:** dos (aunque pueden llegar cuatro).
♦ **Material:** un cubilete, cinco dados (de póquer o estándares), diez fichas para cada jugador.
♦ **Dificultad:** es mejor para adultos, aunque también lo pueden jugar niños a partir de ocho años. Sólo es divertido si se juega rápida y fluidamente.
♦ **Objetivo:** ser el último jugador con una ficha, evitar perder mintiendo acerca de la mano conseguida, y ser suficientemente sagaz para captar las mentiras de los demás.

Reglas

Cada jugador comienza con diez fichas; se emplazan las apuestas en el centro de la mesa.

Todos los jugadores tiran el dado y la puntuación más alta abre la partida. Se juega por turnos de varias tiradas:

- El primer jugador sacude los dados dentro del cubilete y después lo deposita en la mesa boca bajo. Con cuidado, asegurándose de que nadie puede verlo, levanta un poco el cubilete, elige entre los dados los que desea conservar y los oculta bajo su mano.

- Puede repetir el proceso dos veces más con los dados restantes. Una vez realizadas las tres tiradas, dice a los demás cuál es su mano. Por ejemplo: «Tengo un trío de ases». Evidentemente puede mentir; esa es una dinámica implícita en el juego.

- Los otros jugadores (o el jugador situado a su izquierda) pueden aceptar la afirmación o no creerlo y pedirle que levante el cubilete para demostrar su afirmación.

- Si los adversarios no lo han creído y resulta que el tirador decía la verdad, los otros jugadores ponen una ficha en el centro de la mesa. Si mentía, es el primer jugador quien deposita la ficha.

- Si los otros jugadores aceptan la afirmación y no desean ver los dados, el cubilete pasa al próximo jugador. Este deberá obtener una jugada mejor a partir de sus tres tiradas, y si no la consigue, inventársela para engañar al resto.

Gana la última persona que tiene una ficha. ¡Por algo será el mejor mentiroso!

Variante

Cada jugador toma tres fichas. El primer tirador mueve los dados y coloca el cubilete boca abajo observando secretamente el resultado. El jugador declara su mano o miente.

El siguiente jugador (a su izquierda) debe aceptar o considerar mentiroso a su antecesor. Si lo considera mentiroso y el primer jugador lo era, éste pagará una ficha al dubitativo y otra al bote del centro de la mesa. Si no mentía, será el dubitativo quién le pagará y pagará al bote.

Si se acepta la palabra del jugador, el siguiente tira los dados y está obligado a declarar una mano más alta que la primera. El primer jugador puede aceptar o rechazar la mano que dice tener el actual tirador.

El juego continúa entre los dos hasta que uno duda sobre la mano de su contrincante.

El jugador que ha perdido sus tres fichas debe abandonar el juego, y los otros continúan, Gana el último jugador que conserva una ficha. El premio es el bote.

EL PÓQUER

Versión con dados del póquer con cartas. A diferencia de las cartas, los dados no permiten los faroles porque la jugada siempre está boca arriba.

Ficha técnica

- ♦ **Jugadores:** cinco es el idóneo (puede haber más o menos).
- ♦ **Material:** un cubilete cinco dados de póquer, fichas.
- ♦ **Dificultad:** sólo reconocer con facilidad las diferentes manos del póquer.
- ♦ **Objetivo:** conseguir la mejor mano en tres tiradas de los dados.

Reglas

Se colocan las fichas apostadas en el centro de la mesa. Cada jugador tira el dado y la puntuación más alta abre la partida.

Se juega por turnos de una a tres tiradas. Es el primer tirador quien, con el número de tiradas que emplee, decide el número de tiradas que realizarán todos los jugadores. El máximo es de tres:

◆ El primer jugador tira los cinco dados y, según sea la jugada, los toma todos, ninguno o algunos con el objetivo de conseguir una mano. Si es una buena jugada, puede decidir plantarse y los demás jugadores sólo podrán tirar los dados un vez.

◆ El jugador lanza el resto de los dados de nuevo. Después de la segunda tirada, el jugador puede plantarse o tirar todos o algunos de los dados una última vez.

◆ Tras la tercera tirada, el jugador ya tiene su mano echada y entrega el cubilete al próximo jugador.

Tras observar el resultado de la primera tirada, el jugador puede hacerse una idea de las posibilidades que tiene y retirar los dados que son propicios al resultado que desea. En principio, esos dados no podrán ser utilizados para formar otra combinación. Sin embargo, existe la posibilidad de jugarlos; en un momento dado, el jugador puede cambiar la opción inicial y jugar los dados depositados sobre la mesa sustituyéndolos por los que había tirado la última vez. Por ejemplo, si en la primera tirada el jugador tiene dos reinas, y en la siguiente, con los tres dados restantes, obtiene tres ases, en la tercera tirada podrá recoger de la mesa las dos primeras reinas para tratar de obtener más ases. Gana la mejor mano. En caso de empate, los jugadores afectados realizan una tirada al margen de la ronda.

Puntuación

Las categorías existentes en el póquer con dados son las mismas que las que se encuentran en el póquer con cartas. La única excepción es que, en los dados, puntúa también la escalera; dentro de cada categoría, el número más alto gana.

Las manos, de menor a mayor valor, son las siguientes:

- **Pareja:** dos dados con el mismo número o el mismo símbolo.
- **Doble pareja.**
- **Trío:** tres dados con el mismo número o símbolo.
- **Full:** un trío y una pareja.
- **Escalera:** cinco dados en secuencia, A-K-Q-J-10 o K-Q-J-10-9.
- **Póquer:** cuatro dados con el mismo número o símbolo.
- **Repóquer:** cinco dados con el mismo número o símbolo.

Sin embargo, no podemos olvidar que si se produce un empate, gana la figura con el rango más alto.

La mejor mano gana cada ronda, que se considera un *leg*. Si hay dos jugadores, el ganador de dos *legs* gana el juego y se lleva lo apostado. Si hay más jugadores, se juegan dos *legs* y el ganador del primero se enfrenta al del segundo para decidir quién se lleva el bote.

Variantes

Póquer con comodín *(aces wild)*

Los ases se consideran comodines; por tanto, se corresponden con el símbolo que el jugador desee en la primera tirada. Este valor no puede ser cambiado en las siguientes tiradas ni tampoco pueden volver a usarse los dados de nuevo. En esta variante no se puede formar un full; se aceptan pareja, trío, póquer y repóquer.

Póquer con comodín a dos *(deuces wild)*

El 2 cuenta como cualquier símbolo o número (como un comodín).

Dados indios

Es el póquer jugado con un dado estándar. El 1 es el as. La secuencia, de mayor a menor valor, es 1-6-5-4-3-2. En esta versión, la escalera no puntúa. Puntúan las manos desde la más baja hasta la más alta.

LA RONDA

Ficha técnica

- ◆ **Jugadores:** cinco o seis como máximo.
- ◆ **Material:** cinco dados de póquer, un cubilete, papel y lápiz.
- ◆ **Dificultad:** tiene un mínimo de estrategia, que se agradece.

♦ **Objetivo:** lograr el máximo de puntos reuniendo en la misma jugada el mayor número de dados del mismo signo.

Reglas

Antes de comenzar el juego, tomar el papel y diseñar una tabla con tantas columnas como jugadores haya (+1) y 6 (+1) filas. Encabezar las columnas con el nombre de los jugadores, y las filas, con los diferentes símbolos del póquer que hay que rellenar.

Cada jugador tira el dado y la puntuación más alta abre la partida. Se juega por turnos de una a tres tiradas:

♦ El primer tirador arroja los dados. Puede retirar los que le interesen y, de este modo, elegir el símbolo (9, 10, J, Q, K o as) que desea completar. Tira de nuevo una segunda y una tercera vez con los que no vaya separando.

♦ Efectuadas las tres tiradas, suma el número de dados del símbolo que escogió tras la primera, y lo multiplica por el valor que les corresponde. A continuación, anota el resultado en la tabla.

♦ Si un jugador logra, en la primera o segunda tirada, cinco dados del mismo símbolo, puede introducirlos de nuevo en el cubilete y seguir tirando.

♦ A cada turno pasa el cubilete al jugador de la izquierda. Conforme avanza el juego, se vuelve más complicado rellenar las casillas de la tabla que quedan libres. Por eso es importante estudiar las tiradas y evaluar qué casilla es mejor llenar antes.

La partida termina cuando todos los jugadores han completado las jugadas correspondientes a todos y cada uno de los símbolos. Gana quien tiene más puntos.

Puntuación

El valor de los símbolos del póquer representados en los dados es el siguiente:

- **9:** 1 punto.
- **10:** 2 puntos.
- **J:** 3 puntos.
- **Q:** 4 puntos.
- **K:** 5 puntos.
- **As:** 6 puntos.

SUMAR ASES

Ficha técnica

- **Jugadores:** cualquier número.
- **Material:** cinco dados de póquer, un cubilete.
- **Dificultad:** fácil.
- **Objetivo:** sumar el máximo número posible de ases en un número concreto de tiradas.

Reglas

Cada jugador tira el dado y la puntuación más alta abre la partida. Se juega por turnos de diez tiradas.

El primer tirador arroja los dados 10 veces intentando conseguir el mayor número posible de ases. Cada vez que obtiene un as, deja el dado aparte y tira los restantes hasta conseguir cinco ases, momento en que podrá colocar de nuevo todos los dados en el cubilete para acabar las diez tiradas. Gana quien consiga más ases.

Variante

El jugador que tira primero puede detenerse en un número determinado de tiradas antes de llegar a las diez. Los otros jugadores sólo podrán tirar las veces que lo haya hecho el primero.

Dados y estrategia

Es tal vez una de las formas más apasionantes de jugar, cuando la suerte y la estrategia precisan aliarse para dar los mejores resultados.

Dudo

Este juego fue lanzado comercialmente con el nombre de Perudo.

Ficha técnica

- **Jugadores:** cinco o seis (aunque puede jugarse a partir de dos).
- **Material:** cinco dados para cada jugador, un cubilete para cada jugador, un cubilete de reserva para los dados descartados.
- **Dificultad:** juego que implica saber mentir, como en el mentiroso; es fácil aprender las normas, pero su complejidad puede mantener el interés de los jugadores durante horas.
- **Objetivo:** ser capaz de deducir, a través de los dados que hay expuestos en la mesa, qué números pueden

estar ocultos bajo los cubiletes, y ser el último jugador con dado.

Reglas

Cada jugador tira el dado y la puntuación más alta abre la partida. Se juega por turnos de una tirada.

Todos los jugadores agitan a la vez sus dados, colocan su cubilete boca abajo sobre la mesa y miran sus respectivos resultados intentando que nadie más pueda verlos:

- El primer jugador se arriesga respecto a cuántos dados hay sobre la mesa de un mismo número. Dirá, por ejemplo, «hay seis dados con el 2».
- El jugador de su izquierda puede declarar una cantidad más alta del mismo número (por ejemplo, «hay ocho doses»), o también cabe la posibilidad de afirmar que se encuentra la misma cantidad, o superior, de un número más elevado (por ejemplo, «hay seis treses»).
- El primer jugador no tiene permitido especular sobre el número de ases. Los siguientes sí pueden.
- Cuando un jugador considera que la última afirmación realizada no es posible, tiene la opción de retar al que la ha hecho diciendo «¡dudo!».
- Los jugadores enseñan sus dados. Se cuentan los dados que marcan el número apostado. Si hay el mismo número de dados o más, el jugador gana y el retador pierde un dado, que coloca en el centro de la mesa.
- Si el número es inferior, el retador estaba en lo correcto y el jugador pierde un dado.
- El jugador que ha perdido comienza la nueva ronda. En cada ronda, un jugador pierde un dado, de

manera que las probabilidades de que salga un número van descendiendo de forma progresiva.

El juego continúa hasta que sólo existe un jugador que posee un dado. Este jugador será considerado el «palafico», e inicia el turno siguiente.

En este turno, las reglas variarán un poco: el palafico puede comenzar nombrando los ases si así lo desea, y cualquiera que sea el número con el que arranque el palafico, los jugadores deben mantenerlo y apostar sobre su incremento. Es decir, si el palafico declara que hay tres cuatros, los otros jugadores deberán subir siempre la cantidad de cuatros, hasta que alguien diga «¡dudo!».

Un jugador que pierde su quinto dado abandona el juego. La persona a su izquierda comienza la nueva ronda.

Gana el último jugador que queda en activo.

El 421

Ficha técnica

- **Jugadores:** dos o más.
- **Material:** tres dados, once fichas.
- **Dificultad:** mucha suerte y un poco de estrategia.
- **Objetivo:** obtener la combinación más alta (con la ayuda de los dados) para librarse de las fichas.

Reglas

Cada jugador tira el dado y la puntuación más alta abre la partida. Se juega por turnos de una a tres tiradas. Las fichas pertenecen en un primer momento a la banca, y los jugadores se las reparten al azar tirando una vez los dados por turnos:

- Para comenzar la ronda, el primer tirador arroja los dados. Dispone de tres intentos para conseguir la puntuación más alta. Después de cada tirada, puede reservarse los dados que desee y tirar los restantes. El resultado de los dados se une de la siguiente forma: si ha arrojado un 1, un 2 y un 3, habrá obtenido un 123, una serie.

- Pasa el turno al siguiente jugador. El primer jugador sólo ha tirado una vez, aunque tenía tres posibilidades; ahora, los demás jugadores solo podrán tirar una única vez. Si hubiera lanzado dos veces los dados, los restantes jugadores podrían realizar sus intentonas dos veces, y también reservar dados, etc. Y si tres, tres.

- Cuando todos los jugadores han tirado, gana la figura con mayor valor. El perdedor es el que se lleva todas las fichas que ofrece la banca. Por ejemplo, si el ganador ha obtenido un 114, y el perdedor, un 654, el ganador dará al perdedor las cuatro fichas que valen su figura o, si la banca todavía dispone de capital, el perdedor lo tomará directamente de la banca.

- Cuando todas las fichas de la banca han sido distribuidas, los jugadores se pelearán entre ellos para endosárselas mutuamente. Es la «descarga»; el jugador que posea todas las fichas al final de la partida, pierde.

Cuando un jugador ya no tiene más fichas, se retira de la partida. El juego termina cuando un único jugador cuenta con la totalidad de las fichas.

Puntuación

- ◆ 421 vale 8 fichas.
- ◆ 111 vale 7 fichas.
- ◆ 116 vale 6 fichas.
- ◆ 666 vale 6 fichas.
- ◆ 115 vale 5 fichas.
- ◆ 555 vale 5 fichas.
- ◆ 114 vale 4 fichas.
- ◆ 444 vale 4 fichas.
- ◆ 113 vale 3 fichas.
- ◆ 333 vale 3 fichas.
- ◆ 112 vale 2 fichas.
- ◆ 222 vale 2 fichas.
- ◆ 456 vale 2 fichas.
- ◆ 345 vale 2 fichas.
- ◆ 123 vale 2 fichas.

Variante

La vaca

Se juega con 21 o 42 fichas y se cuentan las tiradas intermedias, es decir, siempre se realizan las tres tiradas en cada turno y el resultado de cada uno de ellas se va acumulando y se suma al final.

GENERAL

En Puerto Rico, de donde es originario este juego, se apuestan bebidas más que dinero, ya que constituye una distracción que se disfruta eminentemente en los bares.

Se parece mucho al Yacht, que veremos más adelante.

Ficha técnica

♦ **Jugadores:** de dos a diez (aunque también puede jugarse en solitario, el número ideal es de cinco o seis jugadores).
♦ **Material:** cinco dados, cubilete, lápiz y papel.
♦ **Dificultad:** para adultos y niños mayores de ocho años.
♦ **Objetivo:** obtener la mayor puntuación.

Reglas

Antes de comenzar el juego, tomar el papel y diseñar una tabla con tantas columnas como jugadores haya (+1) y 10 (+1) filas. Encabezar las columnas con el nombre de los jugadores, y las filas, con estas categorías: 1, 2, 3, 4, 5, 6, *Straight, Full House, Four of a Kind, Small General* y *Big General*.

Cada jugador tira el dado y la puntuación más baja abre la partida. Se juega por turnos de una a tres tiradas:

♦ El primer tirador arroja los dados. Separa los 1, o los de la categoría que quiera completar, y devuelve los otros dados al cubilete.
♦ Tira una segunda vez. Separa también los dados que le convienen y tira una tercera y última vez. Su puntuación será diferente si se trata de la primera, o de la segunda y tercera tiradas. Una vez completadas las tres, anota su puntuación y pasa el cubilete al jugador de la izquierda.

El objetivo es completar, desde el 1 hasta el *Big General*, toda la tabla de puntuaciones del juego; cuando un jugador lo ha conseguido, las suma. Gana el jugador con el total más alto.

Puntuación

Existen diez categorías a rellenar y algunas de ellas (*Straight, Small General, Big General, Four of a Kind* y *Full House*) puntúan extra si el jugador las consigue en una sola tirada:

- **Del 1 al 6:** puntúa según el valor del punto.
- **1-2-3-4-5 o 2-3-4-5-6 *(Straight)*:** 25 puntos si ha sido obtenido en la primera tirada; 20 puntos, en la segunda o tercera.
- **Triple + doble *(Full Home)*:** 35 puntos en la primera tirada; 30 puntos en la segunda o tercera.
- **Cuádruple *(Four of a Kind)*:** 45 puntos en la primera tirada; 30 puntos en la segunda o tercera.
- **Quíntuplo:** realizado en la primera tirada, *Big General* gana el juego; en la segunda y tercera tiradas, *Small General* representa 60 puntos.

SIETES

Ficha técnica

- **Jugadores:** dos o más (el número ideal es cinco).
- **Material:** seis dados, un cubilete, fichas.
- **Dificultad:** cierta estrategia, especialmente en la primera tirada.

♦ **Objetivo:** obtener el número más alto arrojado por los dados después de eliminar aquellos que suman siete.

Reglas

Se colocan las apuestas previamente acordadas sobre la mesa, formando el bote. Cada jugador tira el dado y la puntuación más alta abre la partida. Se juega por turnos de una a tres tiradas:

♦ El primer tirador arroja los dados y elimina las combinaciones que suman siete. En el sistema de puntuación de este juego, los dados que suman siete no cuentan; el objetivo es conseguir la puntuación más alta con los dados restantes.

♦ El primer jugador tiene la opción de arrojar tres veces los dados sobre la mesa; sin embargo, puede preferir hacerlo sólo dos veces. La estrategia es fácil de explicar mediante un ejemplo de juego: supongamos que el primer jugador haya conseguido 5-2-1-1-1-3; primero, elimina el 5 y el 2 porque suman siete, y luego tiene dos opciones: decide conformarse con este resultado y pasa el dado al siguiente jugador, o decide tirar los cuatro dados restantes de nuevo. Tira, consigue 4-3-6-6 y elimina el 4 y el 3. Ahora está en la misma disyuntiva porque tiene la posibilidad de realizar otra tirada. Se queda con el 12 (6 + 6) y pasa el dado.

Los otros jugadores deberán realizar las mismas tiradas que el jugador o menos. En este caso, dos o una. Gana el jugador con el número más alto en cada ronda.

Yacht

El Yacht también se conoce como Cheerio, Yot o Yaht-zee (marca comercial). Se parece mucho al popular juego portorriqueño General.

Ficha técnica

- **Jugadores:** uno o más.
- **Material:** cinco dados, un cubilete, papel y lápiz.
- **Dificultad:** implica estrategia; los niños que jueguen ya deben saber sumar para controlar su puntuación.
- **Objetivo:** conseguir la máxima puntuación en cada categoría.

Reglas

Antes de comenzar el juego, tomar el papel y diseñar una tabla con tantas columnas como jugadores haya (+1) y 12 (+1) filas. Encabezar las columnas con los nombres de los jugadores, y las filas, con las categorías del Yacht (1, 2, 3, 4, 5, 6, *Little Straight, Big Straight, Full Home, Four of a Kind, Choice Hand, Yacht*). Es opcional añadir una columna de referencia con las mejores puntuaciones posibles.

Cada jugador tira el dado y la puntuación más baja abre la partida. Se juega por turnos de una a tres tiradas:

- El primer tirador arroja los dados. Separa los 1 y devuelve los otros dados al cubilete. Si hubiese conseguido la máxima puntuación en la primera tirada, su turno se daría por terminado.

♦ Tira una segunda vez. Separa también los 1 y tira una tercera y última vez. Anota su puntuación y pasa el cubilete al jugador de la izquierda.

El objetivo es completar consecutivamente, es decir, desde el 1 hasta el *Yacht,* toda la hoja de puntuaciones del juego; cuando un jugador lo ha conseguido, las suma. Gana el jugador con el total más alto.

Puntuación

♦ **Del 1 al 6:** multiplicar el número por las veces que ha sido obtenido. Por ejemplo, si se han conseguido tres números 5, resultará una puntuación de 15.

♦ **1-2-3-4-5** *(Little Straight):* 15 puntos.

♦ **2-3-4-5-6** *(Big Straight):* 20 puntos.

♦ **Triple+doble** *(Full House):* el resultado es la suma de todos los números implicados; por ejemplo, 4-4-4-1-1 sumará 14 puntos.

♦ **Cuádruple** *(Four of a Kind):* el resultado es la suma de los números más el que no era igual.

♦ *Choice Hand:* la mejor puntuación conseguida consiste en sumar los números de los cinco dados, sea la puntuación que sea.

♦ **Quíntuplo** *(Yatch):* 50 puntos.

Existe una excepción a considerar: obtener 6-6-6-6-6 da como resultado 0 puntos. Si el jugador no consigue los números exactos, no podrá completar la categoría a que aspire y no puntuará. Si, por ejemplo, quiere hacer un *Big Straight* pero le falta un número, la puntuación es 0.

Variantes

♦ Una vez resultan familiares las categorías del Yacht, puede añadirse estrategia al juego llenando cada una de ellas de acuerdo con la elección del jugador, en vez de hacerlo en orden (del 1 al *Yacht)*.

♦ Cada jugador decide, después de efectuar el primero de los tres lanzamientos que le permite su turno, qué categoría va a completar. Cuando la elección se ha realizado y la puntuación se ha anotado en la tabla, no puede cambiarse.

Dentro de los criterios de estrategia, el jugador puede decidir puntuar 0; ello ocurriría, por ejemplo, si tuviera vacías solamente las filas 5, 6 y *Little Straight*.

MEJOR PUNTUACIÓN POSIBLE		JOSÉ	ÁLEX	CARMEN
1ª	[5]			
2ª	[10]			
3ª	[15]			
4ª	[20]			
5ª	[25]			
6ª	[30]			
LITTLE STRAIGHT	[15]			
BIG STRAIGHT	[20]			
FULL HOUSE	[28]			
FOUR OF A KIND	[30]			
CHOICE HAND	[30]			
YACHT	[50]			
TOTAL:	[278]			

Ejemplo de tabla para anotar las diversas puntuaciones del Yacht.

Con una puntuación de 1-2-4-5-6, preferiría dar un cero a *Little Straight* antes que rellenar las restantes casillas libres, que en otra tirada pueden ofrecerle mayor puntuación.

Generalmente, las puntuaciones suelen ser más altas cuando los jugadores eligen las categorías en vez de llenarlas consecutivamente.

Dados y banca

La figura de la banca es una nueva variante. Uno de los jugadores se atribuye este rol, de poder unas veces, y de simple tesorería, en otras.

PROBAR SUERTE (CHUCK-A-LUCK)

Ficha técnica

- ◆ **Jugadores:** dos o más.
- ◆ **Material:** tres dados, un cubilete, papel y lápiz, fichas.
- ◆ **Dificultad:** fácil.
- ◆ **Objetivo:** ganar a la banca.

Reglas

Antes de comenzar se dibujan seis casillas en el papel, distribuidas en dos columnas, de tres y tres, y numeradas del 1 al 6. Cada jugador coloca las fichas que apuesta en una de las seis casillas. El jugador que hace de banquero sacude los dados en el cubilete y los arroja sobre la mesa. Cada jugador recibe el pago por las fichas depositadas en las casillas que coinciden con el número que han arrojado los dados:

♦ Si los dados han sacado dos veces el número, el banco paga la apuesta 2x1.
♦ Si los dados han sacado tres veces el número, el banco paga la apuesta 3x1.

PASA DIEZ

Ficha técnica

♦ **Jugadores:** cualquier número.
♦ **Material:** tres dados, un cubilete, fichas.
♦ **Dificultad:** facilísimo.
♦ **Objetivo:** el jugador que asume el papel de banquero debe arrojar siempre más de 10.

Reglas

Cada jugador tira el dado y la puntuación más alta obtiene el título de banquero. Se depositan las apuestas en el centro de la mesa. Se juega por turnos de una tirada. El banquero lanza los dados:

♦ Sumando los números obtenidos, si el resultado es superior a 10, el banquero se lleva las apuestas.
♦ Si el número resultante es 10 o menos, el banquero paga a cada jugador el equivalente a lo que ha apostado, y el puesto de banquero pasa al siguiente jugador por la derecha.

El proceso se repite de nuevo tantas veces como venga en gana o haya bote.

SALTA LA BANCA (*HIGH DICE*)

Conocido también como Counter Klondike o bingo.

Ficha técnica

- ◆ **Jugadores:** dos o más.
- ◆ **Material:** dos dados, un cubilete, fichas.
- ◆ **Dificultad:** quizás es el juego de dados más sencillo.
- ◆ **Objetivo:** ganar a la banca.

Reglas

Cada jugador tira el dado y quien obtenga la puntuación más alta es el banquero:

- ◆ Se realizan las apuestas depositando las fichas en el centro.
- ◆ El banquero tira los dados.
- ◆ El primer tirador tira los dados.

Gana la puntuación más alta, pero un empate se dirime a favor del banquero. El ganador se lleva la apuesta.

Variante

Se juega con las combinaciones propias del póquer. Los números son, de mayor a menor rango: 1, 6, 5, 4, 3, 2. Las combinaciones ganadoras, en orden ascendente en valor, son: pareja, doble pareja, trío, full (una pareja y un trío), póquer (cuatro del mismo tipo) o repóquer (cinco del mismo tipo). El dado impar en una combinación no cuenta. Por ejemplo, cuatro treses y un cinco se consideran como póquer.

TRES DADOS

Ficha técnica

- **Jugadores:** dos o más.
- **Material:** tres dados, un cubilete, fichas.
- **Dificultad:** muy fácil.
- **Objetivo:** ganar a la banca.

Reglas

Los jugadores depositan sus apuestas sobre la mesa y el banquero las cubre. Tira primero el banquero:

- Si consigue un trío, una pareja más un 6, o un 4, 5 o 6, gana y se queda con el bote.
- Si arroja 1, 2, 3 o cualquier pareja más un 1, el banco pierde en favor de todos los jugadores.
- El resto de combinaciones no tiene valor, excepto una pareja más 2, 3, 4 o 5.

  En esta tirada, el número que arroja el dado impar se convierte en el «punto» del tirador, que los demás jugadores deben romper. Si el banquero no realiza una tirada con un valor superior, debe tirar de nuevo.

- Si el banquero tira un número punto, cada jugador

debe tirar para determinar si gana el banco o el jugador. Si el jugador consigue un número punto, gana el número punto más alto.

Un empate no puede darse. Si un jugador no consigue tirar una pareja, o 4, 5, 6 o 1, 2, 3, su tirada no vale y debe seguir hasta que aparezca alguna de las combinaciones requeridas. Gana el que al final sea más «rico».

Veintiséis

Ficha técnica

♦ **Jugadores:** dos o más.
♦ **Material:** diez dados, un cubilete, papel y lápiz.
♦ **Dificultad:** un poco complicado.
♦ **Objetivo:** obtener el mayor número de puntos.

Reglas

Antes de comenzar el juego, tomar el papel y diseñar una tabla con 10 (+1) columnas y 13 (+1) filas. Encabezar las columnas con las puntuaciones de los dados (del 1 al 10), y las filas, con el número de tirada (del 1 al 13); una columna añadida a la derecha puede informar sobre el número punto elegido para cada tirada.

Cada jugador tira el dado y la puntuación más alta abre la partida. Se juega por turnos de una tirada.

El primer tirador elige cualquier número desde el 1 hasta el 6 como su número punto y luego tira los diez dados. Su puntuación es el número de veces que ha salido el número elegido. Debe anotar, en la primera fila de la tabla, los resultados de los diez dados y el número punto con el que jugaba (en la columna de la derecha).

El tirador pasa el turno al siguiente jugador, y una ronda tras otra, cada uno debe completar las trece filas de la tabla.

Finalmente se suma la cantidad de números punto obtenidos. Si suman más de 33, la banca paga la apuesta 8 a 1; si suman entre 26 y 32, la banca paga 4 a 1; si suman 11 o menos, la banca paga 4 a 1, y si suman exactamente 13, la banca paga 2 a 1. El resto de puntuaciones no cuenta.

	Puntuaciones										Número punto
Tiradas	1	2	3	4	5	6	7	8	9	10	
1	1	6	6	4	3	1	1	4	2	5	1
2	5	3	3	6	6	1	1	5	4	2	2
3	6	2	4	3	1	4	5	3	3	6	3
4	5	1	1	4	6	2	3	3	1	2	2
5	6	6	3	1	3	4	1	2	1	5	2
6	1	1	1	3	5	6	3	3	4	6	3
7	6	5	4	2	1	1	3	5	4	6	1
8	6	4	4	5	2	2	1	1	1	5	0
9	2	1	3	3	1	6	4	5	6	4	2
10	6	5	4	2	3	1	3	1	3	6	3
11	1	6	3	1	3	1	3	3	4	5	4
12	6	4	2	6	3	5	6	1	5	6	1
13	6	4	5	1	1	2	3	2	5	6	1

Números punto obtenidos: 25

Tabla para jugar al veintiséis.

Juegos con dados especiales

Aunque hay infinidad de dados diferentes con las más diversas aplicaciones, hemos realizado una pequeña selección de aquellos juegos en los cuales el dado puede fabricarse fácilmente en casa, o bien de aquellos que pueden jugarse con el dado estándar.

LA CORONA Y EL ANCLA

Ficha técnica

- ◆ **Jugadores:** dos.
- ◆ **Material:** tres dados especiales (en sus caras debe haber una corona, un ancla, un corazón, una pica, un diamante y un trébol), papel y lápiz, fichas.
- ◆ **Dificultad:** juego de velocidad.
- ◆ **Objetivo:** conseguir el máximo de puntos en un número determinado de rondas.

Reglas

Antes de comenzar el juego es preciso dibujar un círculo en el papel, dividirlo en seis secciones y estampar

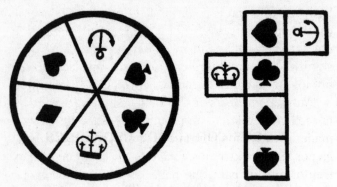

La corona y el ancla: círculo para colocar las apuestas (izquierda) y disposición de las caras del dado (derecha).

en cada una de ellas los símbolos que hay en las caras de este dado especial.

A continuación se deciden cuántas rondas van a realizarse; la mitad de ellas, con uno de los jugadores como banquero y el otro como apostador, y la otra mitad, a la inversa.

El apostador coloca las fichas que apuesta en uno o más de los símbolos del dibujo.

El banquero tira los dados y paga según el resultado. Si ha salido una pareja, dos fichas por cada una apostada. Si ha arrojado un trío, tres fichas por cada una apostada.

Gana el jugador que, después de realizar todo el juego, tiene más puntuación.

DREIDELS

Este juego, que apareció en la Alemania medieval, forma parte ahora de la tradicional fiesta judía de *Hanukkah*.

Se juega con una especie de dado-peonza cuyas caras contienen las letras N, G, H y S, que significan *Nes gadol hayah sham* («aquí sucedió un gran milagro»). Su significado conmemora el triunfo de los macabeos sobre los sirios en la conquista del templo de Jerusalén.

Aunque encontrar un dreidel es muy difícil, resulta fácil confeccionar uno. Sólo hace falta un cubo de madera atravesado por un eje, de manera que sobresalga por ambos extremos. Es mejor afilar un poco el extremo inferior para que haga las veces de peonza, y pintar las letras en las caras restantes.

Ficha técnica

- ◆ **Jugadores:** 2 o más.
- ◆ **Material:** un dreidel, fichas.
- ◆ **Dificultad:** es un juego de suerte.
- ◆ **Objetivo:** ganar el mayor número posible de fichas.

Reglas

Cada jugador apuesta dos fichas depositándolas en el centro de la mesa para formar el bote.

Los jugadores tiran el dado y la puntuación más alta abre la partida. Se juega por turnos de una tirada.

El primer tirador hace girar el dreidel sobre sí mismo:

- ◆ Si de detiene mostrando la N, no sucede nada.
- ◆ Si arroja la G, el tirador se lleva lo apostado.
- ◆ Si obtiene una H, toma la mitad de las fichas del bote.
- ◆ Si la letra obtenida es S, el jugador pone una ficha en el centro de la mesa.

Dreidel.

Pasa el turno al siguiente jugador y antes de que el segundo tirador lance los dados, se realizan las apuestas: el bote debe quedar como antes. Si no hay bote, cada jugador está obligado a poner dos fichas; si sólo hay la mitad, cada jugador pone una ficha.

Gana el jugador que obtiene todas las fichas.

CORAZONES *(HEARTS DUE)*

Originariamente, este juego se jugaba con seis dados especiales, cada cara de los cuales contenía una de las letras de la palabra *hearts* («corazones», en inglés).

Se juega con dados estándar, efectuando las equivalencias siguientes: 1 = h; 2 = e; 3 = a; 4 = r; 5 = t; 6 = s.

Ficha técnica

- **Jugadores:** dos o más.
- **Material:** seis dados, lápiz y papel.
- **Dificultad:** no implica estrategia, y todo queda en manos de la suerte.
- **Objetivo:** conseguir 150 puntos.

Reglas

Cada jugador tira el dado y la puntuación más baja abre la partida. Se juega por turnos de una tirada.

Cada jugador lanza los dados y anota su puntuación. Una tirada que arroje 1-1-1 anula todos los puntos obtenidos y el jugador debe comenzar desde cero.

Gana el primer jugador que alcanza 150 puntos.

Puntuación

- **h (1):** 5 puntos.
- **h-e (1-2):** 10 puntos.
- **h-e-a (1-2-3):** 15 puntos.
- **h-e-a-r (1-2-3-4):** 20 puntos.
- **h-e-a-r-t (1-2-3-4-5):** 25 puntos.
- **h-e-a-r-t-s (1-2-3-4-5-6):** 30 puntos.

Juegos
de dominó

Historia

Es realmente curioso que un juego como el dominó, tan profundamente emparentado con los dados, no viera la luz en occidente hasta principios del siglo XVIII; su foco de difusión en Europa se sitúa en Italia, o en Grecia si seguimos otras teorías al respecto.

En Oriente, la primera referencia que se posee del dominó se remonta al chino en el 1120 a.C., hecho tampoco especialmente relevante si tenemos en cuenta que los dados tienen su origen en la prehistoria de gran número de culturas.

El dominó es un juego de 28 fichas que representan las 21 combinaciones de dos dados, más las 7 combinaciones del 0 consigo mismo y con un dado.

Las fichas son rectángulos; un lado es negro y el otro está dividido en dos recuadros exactamente iguales, cada uno de los cuales presenta la cara de un dado estampada en él, mediante puntos negros sobre fondo blanco (o al revés).

Esta alternancia entre el blanco y el negro parece ser la que da nombre al juego, ya que *domino*, en francés, responde al hábito del cura en invierno: negro por fuera, blanco por dentro.

Dominó y cartas

Los chinos llaman al dominó «cartas punteadas» y su forma de jugar y su terminología reflejan una curiosa combinación de ambos géneros.

Las fichas son «barajadas» antes de iniciar cada juego: se ponen boca abajo y se mueven sobre la mesa para mezclar los números. Todos los jugadores tienen derecho a «barajar» antes de que comience el reparto.

Los jugadores colocan sus fichas en hilera, una al lado de otra, de manera que nadie pueda verlas, como si fueran cartas.

Las fichas que permanecen boca abajo después del reparto son el «montón». Cuando un jugador no puede tirar, tiene la posibilidad de «robar» una ficha del montón, igual que en las cartas.

Las 28 fichas del juego constituyen una baraja distribuida en «palos». Existen siete palos: el del 0, 1, 2, 3, 4, 5 y 6.

Fundamentos del dominó

- Si se comparan dos fichas de dominó, la que posee más puntos sumando las dos caras es la más «pesada». Cuando uno coloca sus fichas después de haberlas tomado del montón al principio del juego, tradicionalmente las coloca según los palos, desde la más pesada (a la izquierda) hasta la más ligera (a la derecha).
- En un juego de 28 fichas hay 1.184.040 combinaciones posibles, de manera que es muy difícil repetir la misma dos veces.

◆ Al principio de la partida, el dominó es un juego de pura suerte; el jugador está a merced de las fichas que ha obtenido. Sin embargo, a medida que se ponen las fichas al descubierto sobre la mesa, el juego va derivando hacia el cálculo y la estrategia. En ese momento, el jugador juega pensando en las fichas que pueden tener sus oponentes. En pocas rondas, uno puede acostumbrarse a observar las fichas según sus palos correspondientes y a buscar los palos de 6 o de 5 que no han sido jugados todavía.

◆ Después de que las fichas hayan sido barajadas, uno de los jugadores, el primero, debe iniciar el juego colocando una ficha al descubierto sobre la mesa. Para elegir a este primer tirador hay dos formas posibles. Una consiste en que todos los jugadores tomen una ficha del montón y el que obtenga la más pesada o la más ligera empiece la partida. Si se produce un empate, la ficha con un extremo más pesado gana (por ejemplo, entre 6-2 y 4-4, ganaría la primera porque el 6 es más pesado). La otra posibilidad de determinar el primer tirador consiste en presentar el doble más alto. Primero se pregunta si hay algún doble de 6, alguno de 5..., y así sucesivamente. Si no sale ninguno, cada jugador debe ir tomando una ficha del montón hasta que salga el doble que abra la partida.

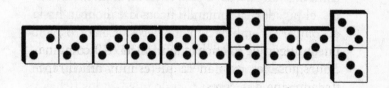

◆ Después de que el jugador elegido haya depositado su ficha, boca arriba, en el centro de la mesa, el segundo .jugador emplazará su ficha en contacto con uno de los extremos de la ficha colocada sobre la mesa. Ambas fichas deben estar relacionadas numéricamente según establezca el juego que estén practicando. Siempre existe la posibilidad de añadir una ficha a un extremo u otro de la cadena.

◆ Generalmente, como muestra la ilustración, los dobles se colocan cruzados. No se hace para crear nuevos inicios sino para que sea más fácil contar los que hay sobre la mesa y deducir la ubicación del resto.

◆ Cuando se posee una ficha anodina, sin poder de decisión, es preferible jugar rápido sin perder el tiempo pensando. Jugar rápido, es decir, tirar sin quedarse mucho rato meditando la jugada, constituye una buena estrategia, ya que desconcierta a los contrarios, que probablemente esperan discernir a través de la actitud del jugador si tiene una o varias fichas por jugar en esa tirada.

◆ El juego avanza en el sentido horario alrededor de la mesa.

◆ En un momento dado, si la línea que forman las fichas ha llegado al extremo de la superficie de la mesa, puede colocarse una ficha a modo de codo para estrenar una nueva orientación.

◆ El montón se utiliza cuando el jugador no posee una combinación adecuada para tirar. En algunas variantes, el jugador va tomando fichas del montón hasta encontrar la combinación que necesita; en otros, sólo puede coger un número determinado de fichas.

◆ En general, el montón no se termina nunca. Con dos jugadores se cierra cuando quedan dos fichas y nadie puede tocarlas; cuando juegan más jugadores, se cierra en el momento en que resta una sola ficha. De esta manera, el jugador no puede saber con exactitud las fichas de su contrario.

♦ Cuando el montón está cerrado, el jugador que no puede continuar declara: «¡Paso!». El turno corre entonces al jugador de su izquierda. En la siguiente ronda podrá tirar si tiene la ocasión.

En el dominó deben considerarse dos aspectos: primero, el bloqueo, el objetivo del cual es deshacerse de las fichas antes que los contrincantes. Se trata de conseguir que los demás siempre tengan que recurrir al montón en tanto que uno no lo precise. Una de las estrategias utilizadas consiste en provocar que, en ambos extremos de la hilera que forma el dominó, se necesite el mismo número.

El segundo aspecto es la puntuación: resulta tan importante deshacerse de las fichas como efectuar las combinaciones que puntúan.

♦ El primer jugador que consigue colocar todas sus fichas canta «¡dominó!» y gana el juego.

♦ Una vez hay ganador, el resto de jugadores deben sumar los puntos de sus fichas que contarán contra ellos o que constituirán la puntuación del ganador.

♦ Si el juego está bloqueado y nadie puede colocar una ficha, se da por terminado. El ganador será el que tenga menos puntos en sus fichas; es decir, la mano más ligera.

♦ Si se produce un empate, las fichas se barajan y los jugadores implicados toman una cada uno; la puntuación más baja gana.

NORMAS DE URBANIDAD EN EL DOMINÓ

Cuando una ficha ha sido colocada en la hilera, no puede retirarse, y si accidentalmente cae una ficha boca arriba durante el turno de un jugador, éste debe utilizarla para jugar, siempre que pueda hacerlo, en uno de los extremos.

Un jugador pierde el juego:

- Si no puede jugar durante dos minutos.
- Si renuncia cuando podría tirar.
- Si juega una ficha que no corresponde (excepto en el caso de que nadie se dé cuenta y ya se haya tirado la siguiente ficha).

ARGOT DEL DOMINÓ

- **Palo:** cada número de las fichas, es decir, el palo del 1, del 2... También puede usarse la expresión «tomar cuatro de un palo» que significa que, entre las fichas de apertura, había cuatro del mismo número. Se considera una buena mano cuando un jugador posee cuatro o más fichas de un mismo palo.
- **Cerrar el juego:** un jugador tiene la última ficha de un determinado palo y decide emparejar el palo del cual no quedan fichas, de manera que nadie podrá jugar y el juego se bloquea o cierra. Ganará el jugador que posea más puntos en sus propias fichas. Esta situación puede producirse fortuitamente o puede ser provocada para «matar» la partida.
- **Mano:** jugada completa desde que se reparten las fichas y se inicia el juego hasta que alguno de los

jugadores gana o se produce el cierre. Una mano no es el equivalente de una partida, ya que una partida puede constar de diversas manos.

- ♦ Irse del fallos colocar la única ficha de un palo que se posee, aunque se hubiese podido jugar otra. Se recurre a esta estratagema para no ser obligado a emplazar la ficha en un momento en que favorezca el juego del contrario. Por ejemplo, si el contrario tiró un 3-3 y el jugador posee un 6-3 y un 3-2 (y también un 2-2 en reserva), es preferible sacrificar el 6-3 porque la otra ficha asegura un mayor rendimiento.

Dominó tradicional

A continuación exponemos el juego y las reglas básicas tradicionales, la forma más fácil de aprender a jugar. Una vez se manejan las fichas con soltura, es el momento de entrar en el sugerente mundo de las variantes.

FICHA TÉCNICA

- **Jugadores:** de tres a cinco.
- **Material:** juego de doble seis (28 fichas).
- **Dificultad:** idóneo para aprender las reglas básicas; aunque parezca simple, la superficialidad del juego es sólo aparente.
- **Objetivo:** uniendo extremos con el mismo número, ser el primero en cantar «¡dominó!».

REGLAS

Se colocan las fichas boca abajo y se procede a barajarlas. Para determinar el número de fichas que corresponden a cada jugador, se resta el número de jugadores de 8. Cada jugador toma del montón el número de fichas correspondiente y las coloca de pie, en hilera, de manera que sólo pueda verlas el propio jugador:

- ♦ El jugador con el doble más alto lo coloca sobre la mesa boca arriba.
- ♦ El segundo jugador sitúa una ficha perpendicularmente al doble. El número del extremo de la ficha debe ser el mismo que el del doble.
- ♦ El siguiente jugador puede elegir uno de los dos extremos abiertos de la hilera que se ha estrenado de fichas de dominó. Siempre hay que unir uno de los extremos libres con una ficha del mismo palo.

El turno implica una única tirada y va pasando de jugador en jugador siguiendo la dirección de las agujas del reloj.

Si un jugador no posee ninguna ficha que se corresponda con uno de los números de los extremos de la mesa debe tomar fichas del montón hasta que pueda tirar.

En el montón siempre debe quedar una ficha boca abajo (si juegan más de dos jugadores) o dos fichas (si participan dos jugadores). Cuando el jugador sin combinación no puede recurrir al montón, debe decir «¡paso!» y el siguiente jugador obtiene el turno.

Gana el primer jugador que se ha librado de todas sus fichas. Canta «¡dominó!» y gana la mano.

Si no se llega a este desenlace, el juego termina cuando nadie puede realizar ningún movimiento, es decir, nadie puede tirar ninguna ficha.

Después de anotar la puntuación de la ronda, se colocan las fichas boca abajo, se barajan y comienza una nueva mano. El perdedor comienza la siguiente partida.

Puntuación

Cuando un jugador canta dominó, los otros suman los puntos de las fichas que todavía tienen en sus manos. El total constituye la puntuación del ganador.

Si el juego está cerrado porque nadie puede mover, los jugadores suman los puntos de las fichas que poseen. Gana la puntuación más baja. El ganador lo hace por la diferencia entre su puntuación y la de los otros jugadores. Por ejemplo, si tres jugadores puntúan 15, 19 y 22, gana el 15 y su puntuación es la siguiente: 4 (19-15) + 7 (22-15) = 11.

El primer jugador que consiga 50 o 100 puntos (según esté establecido) gana el juego.

Estrategia

♦ Es mejor reservar para un momento de la partida más avanzado las fichas que dan mayores opciones de juego.

♦ Si uno posee cuatro o más fichas que terminan en un mismo número es una buena estrategia intentar que ambos extremos de la cadena acaben en ese número (los contrincantes difícilmente tendrán opciones de tirar).

♦ Obligar a tomar fichas a los contrarios significa que tendrán más fichas de las que desprenderse para alcanzar el dominó.

♦ Siguiendo esta línea, y con un poco de suerte, el montón habrá quedado cerrado al llegar el turno al jugador y probablemente perderá el turno, pero no aumentará su capital en fichas.

◆ Al principio del juego no es tan malo acudir al montón para completar una mano; al final de la partida es mejor deshacerse de las fichas con la puntuación más alta porque, en caso de no ganar, se dará la menor puntuación posible al contrario ganador.

◆ Si el jugador dispone de todo el palo de un número, puede cambiar su táctica y jugar de forma ofensiva. Se trata de colocar, al principio de la partida, ese palo en ambos extremos de la cadena. Los oponentes deberán vaciar el montón y, cuando la partida quede bloqueada, el jugador tendrá una elevada puntuación.

VARIANTES

Dominó infantil

Cuando juegan niños se puede simplificar el juego suprimiendo el montón, es decir, distribuyendo todas las fichas excepto dos. Se trata de ir tirando por turnos hasta que uno pueda cantar «¡dominó!». Es un juego de pura suerte.

Dominó con dos jugadores

Cada jugador roba siete fichas. Tira el primero que tenga un seis doble o el doble más elevado. Como hay muchas fichas en el montón es posible que ninguno de los dos jugadores posea un doble; en este caso, iniciaría el juego un 6-5, y así sucesivamente.

El segundo jugador deposita su ficha en concordancia con el palo de la primera. Si no tiene ninguna que case, tomará fichas del montón hasta que consiga alguna que le permita jugar.

Si no consigue ninguna ficha, pasa y debe continuar la partida el otro jugador.

Gana el jugador que coloca todas la fichas y canta «¡dominó!», o el que obtiene la puntuación más baja si la partida queda cerrada.

Se fija inicialmente la cantidad de puntos a conseguir y, hasta que un jugador no los ha obtenido, se juegan las partidas necesarias.

Partida de ida y vuelta

Constituye una modalidad basada en apuestas rápidas con un contrario. Se trata de una partida a dos juegos, siguiendo las bases establecidas en la variante del dominó para dos jugadores, pero con una diferencia clave: no se precisa obtener una cantidad de puntos determinada para declarar ganador. Se juegan dos partidas y gana el jugador que supera al otro sumando el resultado de ambas rondas.

El 111

Se juega por parejas según las reglas generales del dominó.

El nombre del juego se refiere al número de tantos que debe anotar una pareja para ganar.

Cuando un jugador coloca su última ficha se suman todos los puntos que acumulan el resto de jugadores, incluidos los de su compañero, y se anotan como puntos de la pareja a la que pertenece el jugador que ha ganado el juego.

Si la partida queda cerrada, se suman los puntos de las fichas que han quedado por tirar en manos de cada jugador y se anotan a favor de la pareja a la que pertenece el jugador que ha obtenido menos puntos.

Dominó pool

Se juega como el dominó, con la excepción de que, antes de cada ronda, los jugadores colocan apuestas iguales en el bote. El ganador de la ronda se lo queda todo; si hay empate, se reparte el bote.

Dominó cruzado

Esta variante permite incrementar de dos a cuatro el número de extremos abiertos.

El primer jugador sitúa su doble más alto sobre la mesa boca arriba. En los siguientes turnos, los jugadores colocan sus fichas en cualquiera de los cuatro extremos

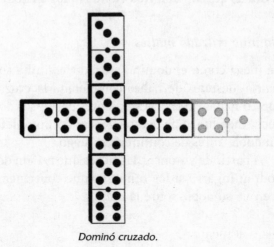

Dominó cruzado.

del doble, creando una especie de cruz. Por ejemplo, si el jugador ha puesto un 5-5 sobre la mesa, otro puede colocar un 5-3 en el extremo superior, y otros, un 5-4 en el extremo derecho, un 5-2 en el extremo izquierdo y un 5-6 en el extremo inferior. Podrán llenarse entonces los extremos 2, 3, 4 y 6.

No se puede seguir adelante con la partida hasta que la cruz no esté completa. Esta variante es más rápida que el dominó tradicional y da más opciones a los jugadores.

Doble dominó cruzado

Se juega como el dominó cruzado, con una sola diferencia: después de haber completado la cruz con las cuatro fichas, una de las siguientes fichas que se coloquen debe ser un doble. El juego no puede continuar hasta que uno de los cuatro extremos tiene un doble.

Cuando se han completado los cuatro extremos más el doble, quedan abiertos de nuevo los extremos.

Dominó cruzado maltés

Se juega como el dominó cruzado, con una sola diferencia: después de haber completado la cruz con las cuatro fichas, todas las siguientes deben ser dobles. Es decir, cada brazo de la cruz deberá ser completado con un doble antes de continuar el juego.

A partir de entonces, las fichas que no son dobles no podrán jugarse si los números que contienen no poseen ya su doble sobre la mesa.

Sebastopol

Es el dominó cruzado maltes jugado por cuatro jugadores y sin montón; después de barajar las fichas, cada jugador toma siete y no queda ninguna en el montón.

Abre el jugador que posee el doble seis. El juego se desarrolla en el sentido de las agujas del reloj alrededor de la mesa.

El primer paso es formar la cruz maltesa (completar la cruz inicial con dobles); luego los jugadores pueden continuar con los cuatro extremos libres. Si un jugador no tiene juego, dice «¡paso!» y el turno corre al siguiente jugador.

Dominó cruzado de doble nueve

Constituye un entretenimiento para toda la familia, en el cual se utiliza un juego de doble nueve (55 fichas).

Si juegan hasta tres jugadores, toman siete fichas cada uno al principio; cuatro o más jugadores toman cinco fichas.

Abre el juego la persona con el doble más alto, y se juega de la misma manera que el dominó cruzado. El montón también se cierra cuando sólo quedan dos fichas.

La diferencia es que, cada vez que se coloca un doble, se abren dos nuevos extremos en el juego. Así, pueden abrirse tantas posibilidades como dobles existen.

Chipre

Se realiza con un juego de doble nueve, ideal para muchos jugadores.

Se barajan las fichas. Cuatro jugadores toman 13 fichas cada uno; cinco jugadores, 11 fichas; seis, 9 fichas; siete, 7 fichas; ocho o nueve, 6 fichas, y diez jugadores, 5 fichas.

Abre el jugador que posee el doble nueve. Si ninguno lo tiene, las fichas se vuelven a colocar boca abajo y se barajan de nuevo.

Una vez se ha colocado el doble nueve, los jugadores pueden poner las fichas en cada uno de sus extremos para configurar la cruz, y luego, diagonalmente, para completar los cuatro ángulos que quedan entre los brazos de la cruz, con el resultado de una estrella de ocho brazos.

No es preciso completar la estrella antes de poder añadir fichas a los demás extremos libres.

El juego continúa en la dirección de las agujas del reloj alrededor de la mesa hasta que un jugador puede cantar «¡dominó!» o hasta que el juego queda cerrado.

Variantes más elaboradas del dominó

Más allá de las reglas ya conocidas, estas variantes introducen ingredientes más estimulantes, como sanciones si no se consiguen unos objetivos, que gane el que obtiene peor mano, otras formas de plantear la disposición de las fichas en la mesa...

TIDDLE-A-WINK

Ficha técnica

- **Jugadores:** de seis a nueve.
- **Material:** juego de 55 o 91 fichas.
- **Dificultad:** fácil; está pensado para muchos jugadores.
- **Objetivo:** ser el primero en jugar todas las fichas.

Reglas

Las fichas se colocan boca abajo y se procede a barajar.

En el inicio de la partida, las fichas se reparten por igual a todos los jugadores. Si quedan algunas, se colocan aparte boca abajo.

El juego se basa en el dominó estándar, excepto en algunos aspectos: el jugador con el doble más alto siempre empieza; cualquier jugador que tire un doble puede añadir otra ficha si tiene alguna compatible, y un jugador que ha jugado todas sus fichas canta: «¡*Tid-dle-a-wink!*».

Variante

También se puede jugar con tres juegos de dominó de doble seis (28 fichas). En esta variante, las fichas sólo son añadidas a un lado del doble inicial.

Este juego también admite apuestas; al principio de cada partida, cada jugador emplaza en el centro de la mesa la apuesta que han determinado en común.

El ganador se lleva el bote y, si el juego acaba en empátenlos dos ganadores se lo reparten.

DOMINÓ CIEGO (*BLIND HUGHIE*)

También se conoce como *blind dominoes* o Billiton.

Ficha técnica

- ◆ **Jugadores:** de dos a cinco jugadores.
- ◆ **Material:** un juego de doble seis (28 fichas).
- ◆ **Dificultad:** se basa únicamente en la suerte, y a los niños les encanta.
- ◆ **Objetivo:** ser el primero en cantar «¡dominó!» uniendo los extremos de acuerdo con la puntuación.

Reglas

Los jugadores barajan las fichas boca abajo. Cada uno toma una ficha; la más pesada (la que tiene más puntos) es la que inicia el juego.

Se barajan de nuevo las fichas y se reparten. Si son dos jugadores, 14 cada uno (se separa una boca»abajo); sisón tres, 9 (se separa una); si son cuatro, 7 (se separa una); si son cinco, 5 fichas (se separan tres).

Los jugadores no pueden mirar sus fichas. Deben colocarlas formando una columna con las fichas en posición horizontal boca abajo:

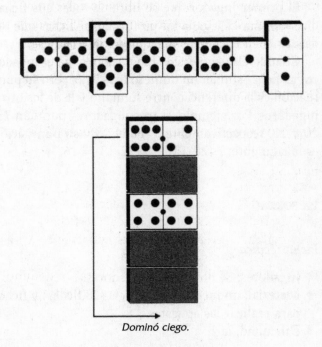

Dominó ciego.

♦ El primer jugador vuelve boca arriba la ficha que está en la parte más alta de su columna de fichas. Después, puede volver boca arriba la siguiente ficha de su columna. Si uno de los extremos coincide con la ficha anterior, puede colocarla; si no, la coloca boca abajo en la parte inferior de su columna de fichas.

♦ Los dobles que no puedan jugarse serán colocados boca arriba en la parte inferior de la columna.

♦ El jugador sigue tirando mientras pueda encajar fichas. Cuando no puede, el turno pasa al siguiente jugador (los turnos se desarrollan en el sentido de las agujas del reloj).

El primer jugador que se libra de todas sus fichas dice ¡dominó!» y gana los puntos de las fichas que todavía tienen los demás jugadores sobre la mesa.

Cuando el juego queda bloqueado, gana el jugador cuyas fichas suman un número más bajo, pero su puntuación es la diferencia entre su mano y la de los otros jugadores. Por ejemplo, si tres jugadores puntúan 13, 20 y 22, respectivamente, gana el 13 y su puntuación es la siguiente: 7 (20-13) + 9 (22-13) = 16.

LA PORRA

Ficha técnica

♦ **Jugadores:** de dos a cinco jugadores.
♦ **Material:** un juego de doble seis (28 fichas) y fichas para realizar las apuestas.
♦ **Dificultad:** fácil.

♦ **Objetivo:** ser el primero en cantar «¡dominó!» sin haber sido sancionado con ninguna porra.

Reglas

Se realizan las apuestas y se barajan las fichas colocadas boca abajo.

Cada jugador recibe cinco indistintamente del número de jugadores que intervengan. Las fichas sobrantes quedan apartadas y no juegan. Si un jugador obtiene cuatro dobles al recoger sus fichas al principio de la partida, debe pedir la repetición de la mezcla de fichas.

El juego se desarrolla según las normas del dominó. La partida termina de la misma manera, cuando un jugador canta «¡dominó!» o cuando el juego queda cerrado. En ambos casos, el jugador que posee el mayor número de puntos en sus fichas es castigado con una porra.

Si un jugador termina una partida colocando una ficha capicúa, es decir, que casa con los números de ambos extremos de la hilera, obtendrá el llamado «capi normal». Entonces, todos los jugadores, excepto el que ha tirado, se anotarán una porra.

Si el capicúa fuera efectuado con dos dobles, se trataría de un «capi real» y el resto de jugadores serían sancionados con dos porras.

En cualquier momento de la partida pueden colocarse dos dobles en los extremos de la hilera.

El jugador que recibe tres porras queda eliminado del juego, aunque tiene la opción de continuar en él solicitando el reenganche, es decir, doblando su apuesta. Gana el jugador que elimina a sus contrincantes (reenganchados o no). El ganador obtiene lo apostado.

EL GANA-PIERDE

Ficha técnica

♦ **Jugadores:** tres o cuatro jugadores.
♦ **Material:** un juego de doble seis (28 fichas).
♦ **Dificultad:** fácil y divertido; gana quien obtiene el peor juego.
♦ **Objetivo:** ser el primero en cantar «¡dominó!».

Reglas

Se colocan las fichas boca abajo y se barajan. Si juegan tres jugadores, se reparten la totalidad de las fichas, siete para cada jugador; si juegan tres, quedarán siete fichas conformando el montón.

Se juega según las normas del dominó, con la excepción de que debe intentarse guardar el mayor número de puntos en las fichas por tirar. Los jugadores están obligados a tirar, durante su turno, si tienen una ficha que casa con las de los extremos de la hilera.

Cuando un jugador canta «¡dominó!» o el juego queda cerrado, gana aquel al que le hayan quedado por tirar las fichas que sumen mayor número de puntos. El ganador obtendrá la suma de los puntos de las fichas que hayan quedado en posesión de los restantes jugadores.

LA GARRAFINA

Ficha técnica

♦ **Jugadores:** cuatro (pero también pueden jugar tres).

- **Material:** un juego de doble seis (28 fichas).
- **Dificultad:** fácil.
- **Objetivo:** ser el primero en cantar «¡dominó!» después de colocar todas las fichas en la cruz que forma la garrafina.

Reglas

Las fichas se colocan boca abajo, se barajan, y los jugadores se reparten siete fichas cada uno. Comienza la partida el jugador que dispone del doble seis:

- Los turnos se desarrollan en sentido contrario al de las agujas del reloj. En las partidas siguientes, la primera tirada pasará al jugador de la derecha, que debe abrir con un doble y que, en caso de no tenerlo, cederá el turno al siguiente jugador.
- Los jugadores depositan las fichas, en orden de turno, frente a la posición que ocupan, formando (cuando son cuatro) una cruz completa de cuatro brazos.
- Al colocar las fichas llegará un momento en que un jugador no podrá completar la secuencia que ha iniciado. Deberá pasar y la ficha que tenga colocada en su brazo de la cruz quedará libre para que los demás jugadores puedan proseguir la secuencia.
- Entonces, el resto de jugadores podrá optar por colocar una ficha en su propio brazo o por hacerlo en el del contrincante que haya quedado libre por su izquierda.
- Colocar la ficha o no en el extremo del brazo del contrario es voluntario y cada jugador debe estudiar sus intereses antes de realizar este paso.

Gana el jugador que coloca todas sus fichas antes que los demás, y si la cruz queda cerrada, gana quien ha acumulado el menor número de puntos en las fichas que posee.

Variante

Garrafina a tres bandas

Esta variante incorpora la dinámica de las apuestas. Así pues, se realizan las apuestas antes de comenzar.

Si juegan tres jugadores, también obtendrán siete fichas, y las siete restantes quedarán como montón.

La cruz que se formará en el juego a tres será una cruz incompleta de tres brazos.

El primero en tirar será quien disponga del seis doble (o de un doble sucesivamente inferior). Tras haber colocado el doble puede optar, si lo considera conveniente para sus intereses, por continuar con las fichas que posee, o bien cambiarlas por las siete que han quedado apartadas en el montón.

Este trueque tiene un precio: implica doblar la apuesta que se ha establecido. Si el jugador que da este paso pierde, deberá pagar el doble de lo que ha apostado.

El resto de jugadores también pueden hacer uso de esta opción si el primer jugador no lo ha hecho.

La operación de trueque puede tener lugar en cualquiera de las partidas y por parte de cualquier jugador. Sin embargo, siempre tiene la primera opción el jugador que tire el doble seis.

Dominó solitario

Ficha técnica

- **Jugadores:** uno.
- **Material:** juego de dominó de doble seis (28 fichas).
- **Dificultad:** fácil; juego en solitario.
- **Objetivo:** construir una larga cadena usando todas las fichas.

Reglas

El jugador debe barajar las fichas, boca abajo, sobre la mesa. Toma cinco fichas, las vuelve boca arriba y selecciona una para colocar en el centro, a partir de la cual inicia la cadena.

El jugador debe añadir tantas fichas como pueda de las que posee para formar una cadena. Cuando no le sea posible tirar, puede recurrir al montón.

El juego termina cuando ha conseguido crear una cadena con todas las fichas.

Variantes

- Se unen los extremos de manera que éstos siempre sumen siete u ocho.
- Cabe la posibilidad de jugar con las fichas del montón boca arriba y contrarreloj.

Dominó y cálculo mental

Es la otra clase de dominó. Exige, además de estrategia, una cierta rapidez en el cálculo mental y, sobre todo, atención en el juego. ¡Cualquier despiste puede ser utilizado en contra de uno mismo!

BERGEN

Ficha técnica

- ◆ **Jugadores:** de dos a cuatro jugadores (sin parejas).
- ◆ **Material:** un juego de doble seis (28 fichas).
- ◆ **Dificultad:** implica una estrategia elemental.
- ◆ **Objetivo:** ser el primero en cantar «¡dominó!» y ganar puntos adicionales logrando que los extremos tengan el mismo número.

Reglas

Se barajan las fichas y cada jugador toma seis de ellas. El jugador que posee el doble más bajo coloca su ficha boca arriba sobre la mesa y obtiene 2 puntos por esta primera ficha doble (ya que ambos extremos tienen el mismo número).

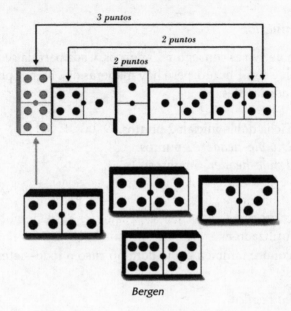

Bergen

El juego se desarrolla uniendo un extremo con una ficha si tienen la misma puntuación.

El jugador que no tiene una ficha para tirar, toma una, pero sólo una, del montón.

Los jugadores puntúan cada vez que consiguen igualar los dos extremos a través de una ficha sencilla *(double-header)* o de una ficha doble *(triple-header)*. El juego continúa hasta que un jugador puede cantar «¡dominó!» o hasta que se da por cerrado.

Si el juego termina sin un dominó, el jugador que no posee ningún doble gana el juego; en este caso sería 1 punto. Si ninguno tiene un doble, la mano más ligera consigue 1 punto por el juego.

Gana el jugador que consigue 15 puntos, y pueden jugarse las rondas necesarias para obtener esta puntuación.

Puntuación

El objetivo es conseguir 15 puntos. Cada partida se resuelve con 1 punto, pero hay maneras de obtener puntos adicionales:

- **Ficha doble inicial:** 2 puntos.
- *Double-header:* 2 puntos.
- *Triple-header:* 3 puntos.

MATADOR

Se conoce también como dominó ruso o todo-sietes.

Ficha técnica

- **Jugadores:** de dos a cuatro jugadores.
- **Material:** un juego de doble seis (28 fichas).
- **Dificultad:** fácil; el único requisito es que los jugadores sepan sumar siete.
- **Objetivo:** ser el primero en cantar «¡dominó!» uniendo extremos que sumen siete.

Reglas

Se barajan las fichas. Dos jugadores roban siete fichas cada uno, y tres o cuatro jugadores, cinco fichas.

Comienza la partida el jugador con el doble más alto y los turnos se desarrollan en el sentido de las agujas del reloj alrededor de la mesa.

En este juego, los dobles son jugados como las otras fichas, en línea con las otras (en vez de cruzados):

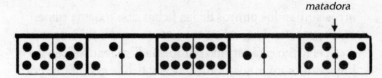

matadora

Matador.

- Los jugadores sólo pueden colocar una ficha si los extremos suman siete. Por ejemplo, un 6 con un 1, un 4 con un 3, o un 5 con un 2.
- La «matadora» es la ficha que, por sí misma, suma 7 (fichas 3-4, 5-2 o 6-1) y la doble blanca. Una matadora actúa como comodín: puede utilizarse en cualquier momento (sea cual sea el número existente en el extremo) y es la única ficha capaz de desbloquear un extremo cerrado con una blanca.
- Como los dobles en el dominó, las matadoras se colocan cruzadas; el jugador decide qué extremo deja abierto.
- Los jugadores pueden buscar en el montón aunque tengan fichas con las que jugar.
- Un jugador que no tiene una combinación para tirar debe tomar fichas del montón hasta obtener una o hasta que en el montón sólo queden dos fichas (momento en que se cierra).

Gana el jugador que se libra de todas las fichas y canta «¡dominó!», o el juego termina cuando nadie puede jugar ninguna otra ficha.

Puntuación

El sistema de puntuación es el mismo que en el juego del dominó. Cuando un jugador canta «¡dominó!», los otros suman los puntos de las fichas que todavía tienen en sus manos. El total es la puntuación del ganador.

Si el juego está cerrado porque nadie puede mover, los jugadores suman los puntos de las fichas que obran en su poder. La más baja gana. El ganador consigue la diferencia entre su puntuación y la de los otros jugadores. Por ejemplo, si tres jugadores puntúan 15, 19 y 22, respectivamente, gana el 15, y su puntuación es la siguiente: 4 (19-15) + 7 (22-15) = 11.

El primer jugador que consigue 50 o 100 puntos (según esté establecido) gana el juego.

Variantes

Dominó ruso

Se juega igual que el matador, excepto que las fichas se juegan como en el dominó cruzado y el objetivo es configurar una cruz. Los jugadores deben completar los cuatro extremos de la primera ficha en vez de dos. La doble blanca no puede ser jugada como primera ficha, ya que obligaría a colocar todas las matadoras antes de proseguir. En esta línea, también se puede jugar al doble dominó cruzado con la técnica de los sietes.

Triángulo cruzado

El jugador con la doble blanca comienza. Las matadoras deben ser colocadas en tres extremos del doble antes de que el juego pueda continuar. Una vez se han colocado tres matadoras, todos los extremos quedan abiertos al juego.

Matador de doble nueve

Usa un juego de doble nueve (55 fichas) y admite más de cuatro jugadores. Hasta seis jugadores, toman siete fichas cada uno, y más de seis, cinco fichas. El juego funciona como el matador, con una excepción muy importante: en lugar de siete, el número a sumar es 10. Existen, por tanto, seis matadoras (5-5, 6-4, 7-3, 8-2, 9-1 y la blanca doble). Esta variante suele jugarse a 200 puntos.

Siempre cinco *(MUGGINS)*

Tiene el atractivo, por encima de los juegos vistos hasta ahora, que no sólo importa conseguir la unión de dos fichas, sino también que sean múltiplos de cinco.

Ficha técnica

- **Jugadores:** de dos a cuatro.
- **Material:** un juego de doble seis (28 fichas).
- **Dificultad:** implica una cierta estrategia. Sin embargo, lo más importante es tener un poco claras las matemáticas.
- **Objetivo:** cantar «¡dominó!» librándose de todas las fichas y, además, obtener puntos extra uniendo las fichas de manera que sumen múltiplos de cinco.

Reglas

Los jugadores barajan las fichas. Si hay dos jugadores, cada uno toma siete fichas; si hay tres o cuatro jugadores, cinco fichas.

Gana el doble más alto; a partir de entonces, el juego se desplaza en el sentido de las agujas del reloj alrededor de la mesa:

♦ Cada persona debe tirar una ficha uniendo un extremo con el mismo número, pero tratando, siempre que sea posible, de cerrar los extremos abiertos de manera que sumen 5, 10, 15 o 20. Los dobles son colocados de forma cruzada y cuentan todos sus puntos.

♦ La blanca doble puntúa cero y puede colocarse para ganar tiempo antes de conseguir una puntuación favorable. Por ejemplo, si un extremo es 5-5, una blanca doble en el otro final representa 10 puntos.

♦ Si un jugador coloca un múltiple de cinco sin darse cuenta, otro jugador puede cantar «¡*muggins!*» tan pronto como haya terminado el turno del primero y apropiarse de la puntuación.

♦ Cuando un jugador no puede jugar, toma fichas del montón hasta obtener la que le permite realizar la jugada. Las dos últimas fichas cierran el montón.

Gana el primer jugador que se libra de todas sus fichas y puede cantar «¡dominó!». Cuando el juego queda cerrado, gana el jugador con la mano más ligera. El juego se gana cuando un jugador obtiene 100 puntos.

Puntuación

♦ Durante la partida, los jugadores anotan el valor de cada múltiplo de cinco que realizan. Por ejemplo, si un extremo es un 4 y un jugador coloca un 6-4, puntúa 10 puntos (4+6).

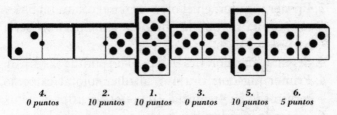

4.	2.	1.	3.	5.	6.
0 puntos	10 puntos	10 puntos	0 puntos	10 puntos	5 puntos

Siempre cinco o muggins: *juego comentado.*

◆ Si un jugador tira, como primera ficha del juego, un doble cinco, puntúa 10.

◆ La puntuación más alta en un turno es de 20 puntos: 4-4 en un extremo y 6-6 en el otro.

◆ Al final de la partida, los jugadores que todavía poseen fichas suman los puntos y calculan su puntuación en relación con el múltiplo de cinco que queda más cerca (si se pasan de 1 o 2, a la baja; si están en el 3 o el 4, al alza).

◆ El jugador que canta «¡dominó!» gana los puntos de sus oponentes. Por ejemplo, el jugador gana 10 puntos de un jugador con una puntuación total de 11 y también 10 puntos con una puntuación total de 8.

◆ El jugador con la mano más ligera gana un juego cerrado y se apropia de la diferencia de puntos entre sus adversarios y los suyos propios, redondeándolos en un múltiplo de cinco.

Juego comentado

1. **Primer jugador:** tira un 5-5 y puntúa 10 (ya que así suman los dos extremos abiertos).

2. **Segundo jugador:** coloca en uno de los extremos un 5-0 y también puntúa 10.

3. **Primer jugador:** en el otro extremo coloca un 5-4 y no puntúa porque la suma de los extremos sería $5+5+4 = 14$.

4. **Segundo jugador:** tira 0-2, pero no puntúa ($2+4 = 6$).

4. **Primer jugador:** tira 4-4, añadiéndolo al extremo terminado en 4; puntúa 10 ($4+4+2 = 10$).

6. **Segundo jugador:** tira un 4-3 tras el doble del anterior jugador, y obtiene 5 puntos ($3 + 2 = 5$). Hay que estar atento a los dobles porque benefician a todos los que pueden unir uno de sus extremos, y no conviene hacer regalos en según qué momentos.

Estrategia

En este juego, lo más importante es tener facilidad de cálculo. Cuando un jugador puntúa el total de los dos extremos abiertos el resultado debe ser divisible por cinco; el próximo jugador no puede colocar una ficha cuyo extremo también sea divisible por cinco.

Fichas como 6-1, 5-5 y 5-0 son estratégicas porque pueden hacer que tanto el jugador como el contrincante se beneficien en sus puntuaciones. Por ejemplo, si un extremo abierto es el 4 y el otro un 1 o un 6, la ficha 6-1 puntuará. Estas fichas tan valiosas no deben ser usadas en cualquier momento, sino sólo cuando pueden beneficiar más al interesado. Si no han salido durante el juego, es conveniente buscarlas en el montón.

Si el jugador cuenta con más fichas que su oponente, debe maniobrar las últimas tiradas de manera que pueda colocar algunas en una fila mientras el otro jugador se ve obligado a pasar. En este caso, si el jugador posee una buena mano, no es conveniente lanzarse rápidamente, sino intentar prolongar el juego de manera que pueda puntuar tantas veces como sea posible antes del final. Sin embargo, si el jugador no posee una buena mano, debe jugar defensivamente intentando bloquear temprano el juego antes de que el oponente tenga la oportunidad de puntuar.

Variantes

Siempre tres

Se juega igual que el siempre cinco, con la diferencia de que el objetivo es conseguir múltiplos de tres con los extremos abiertos.

Treses y cincos

Se juega igual que el siempre cinco, con la diferencia de conseguir tanto múltiplos de tres como de cinco en los extremos abiertos.

Sniff

Es una variante que implica un mayor desafío. *Se baraja, se reparte y se juega exactamente igual*, excepto por alguna importante diferencia.

Antes de que comience el juego, los jugadores toman una ficha del montón. Quien obtiene la ficha más pesada es el primero en jugar y puede colocar la ficha que desee para abrir la cadena:

◆ El primer doble, dondequiera que se coloque, se considera el *sniff*. Este doble puede colocarse cruzado o en línea, dependiendo de los intereses del tirador.

Si se coloca en línea, sólo cuenta su extremo abierto; si se coloca cruzado, cuenta su valor total. Una vez se coloca un *sniff,* sea en línea o cruzado, dos nuevos extremos se abren para tirar. Ello implica un cambio sustancial en el juego porque, a partir de entonces, habrá que buscar los múltiplos de cinco dependiendo de los cuatro extremos.

♦ Sólo el primer doble es *sniff;* los otros pueden colocarse cruzados o en línea según los intereses del jugador, pero no abrirán nuevos extremos al juego.

♦ Los jugadores no tienen que tirar obligatoriamente aunque posean una ficha que haga combinación; pueden tomar fichas del montón a gusto (mientras permanezca abierto) o pueden decidir pasar (si el montón ya está cerrado).

♦ Gana el jugador que canta «¡dominó!» o la partida se termina cuando el juego queda cerrado. En este último caso, gana la mano más ligera y puntúa el total de los puntos de los demás sin restar los suyos propios. El resultado final suele redondearse como múltiplo de cinco, y el juego acostumbra a terminarse al llegar a los 200 puntos.

CINCO ARRIBA *(FIVE-UP)*

Ficha técnica

♦ **Jugadores:** cuatro jugadores (mejor dos parejas).
♦ **Material:** un juego de doble seis (28 fichas).
♦ **Dificultad:** es muy fácil de aprender, pero jugar ya es otra historia. Requiere saber sumar, restar, dividir y un poco de cálculo mental.

♦ **Objetivo:** ser el primero en cantar «¡dominó!» colocando fichas del mismo número en los extremos y consiguiendo que los extremos abiertos sean múltiplos de cinco.

Reglas

Se barajan las fichas. Cada jugador debe tomar una; se deciden las parejas uniendo las que tienen las fichas más pesadas. Esta pareja será la que abrirá el juego.

Se baraja de nuevo y cada jugador roba cinco fichas. El primer jugador puede colocar sobre la mesa la que desee. El turno va pasando en el sentido de las agujas del reloj; como en el siempre cinco, se trata de unir los extremos con el mismo palo y, a la vez, conseguir múltiplos de cinco siempre que sea posible:

♦ Los dobles se colocan siempre cruzados. Cuando una ficha se coloca en uno de sus extremos, el doble se convierte en *spinner*. Los dos extremos del *spinner* quedan abiertos al juego, aunque sólo entran en el recuento de los múltiplos de cinco cuando una ficha ha sido colocada en el extremo. Así, tras rodear con cuatro fichas el primer *spinner*, existen cuatro extremos abiertos.

♦ Cada doble se convierte en un *spinner* cuando se van añadiendo fichas a sus cuatro lados; y cada vez que se añade una ficha, el extremo abierto empieza a contar.

♦ Si un jugador no tiene fichas para efectuar la tirada, puede recurrir al montón hasta que obtenga la ficha necesaria. El montón queda cerrado cuando hay una sola ficha boca abajo. Entonces, los jugadores que no pueden jugar deben pasar.

Gana el jugador que canta «¡dominó!» o se acaba la partida cuando el juego queda cerrado porque nadie puede mover.

Puntuación

- Cada múltiplo de cinco cuenta 1. Así, 10 puntúa 2, 15 puntúa 3, 20 puntúa 4, etc.
- Cuando un jugador canta «¡dominó!», gana 1 punto para la pareja por cada cinco puntos contenidos en las fichas de sus oponentes.
- Si el juego queda cerrado, la pareja con la puntuación más ligera gana 1 punto por cada cinco puntos contenidos en las fichas de los oponentes.
- Gana el juego la pareja que suma 61 puntos.

Estrategia

La estrategia básica consiste en colocar las fichas de manera que obliguen al oponente a recurrir al montón, y a la vez deshacerse de todas las fichas primero.

Otro aspecto importante es intentar puntuar siempre que sea posible y conseguir que el oponente no pueda hacerlo. Cuando se juega por parejas, si uno no puede puntuar, es interesante trabajar para que pueda hacerlo la pareja.

Cuando el juego avanza y se van abriendo extremos que contabilizan, hay que mantener una gran atención; es muy fácil despistarse al contar y si uno de los oponentes lo descubre, puede cantar y quedarse con la puntuación.

Hay una serie de fichas peligrosas, las *kickers*, que es mejor mantener guardadas porque pueden volverse contra el propio jugador. Se trata de la doble blanca, 5-5 y 6-1, que puntúan automáticamente después de que hayan puntuado para el jugador; también resultan delicadas las fichas 1-2, 2-4, 3-1, 4-3, 5-0 y 6-2.

Los dobles pueden ser una bendición si saben usarse, ya que aumentan la puntuación obtenida, o una maldición si no saben emplearse. Los dobles incrementan el número de extremos que juegan y, a la vez, dan mayores opciones al jugador más fuerte en aquella numeración. Hay que saber colocarlos y evitar emplazar uno de ellos cuando ya se han tirado todas las combinaciones de su palo porque aquel extremo quedaría impracticable y contribuiría a cerrar el juego.

Hay que guardar los dobles, pero siempre teniendo en cuenta qué fichas se encuentran sobre la mesa; en realidad, es mejor jugarlos en el momento en que uno posee las fichas que pueden unirse a ellos.

Existen cuatro caras en juego en cada doble, de manera que está garantizado que su utilización revertirá en bien del jugador. Cuando sea posible, deben usarse los dobles para establecer una posición de fuerza en relación con un número y aprovecharla tanto tiempo como se pueda.

El jugador debe avanzar movimientos y calcular qué tiradas pueden hacerse con las fichas que tiene en su poder. Si su contrincante le sigue de cerca en la puntuación, el asunto está difícil. El jugador debe cerciorarse si la ficha que podría puntuar más alto ya se ha jugado; si es así, puede jugar con una cierta seguridad porque no es probable que, de repente, el adversario consiga un gran número de puntos.

Es importante estar siempre atento a todos los extremos abiertos. Ese estado de alerta ayuda a conocer cuál de las propias fichas puede puntuar y qué puntuaciones pierde el contrincante (que uno puede reclamar una vez olvidadas).

Para no despistarse al contar los extremos abiertos es bueno tomar una ficha como referencia y continuar, a partir de ella, en el sentido de las agujas del reloj.

Variantes

Cinco arriba para dos jugadores

Los jugadores también toman cinco fichas al comenzar. El montón queda cerrado con dos fichas boca abajo, y el juego se gana al llegar a los 21 puntos.

Seven-Toed Pete

Juegan cuatro personas individualmente y cada una de ellas toma siete fichas (en vez de cinco). La primera ficha debe ser un doble o puntuar cinco o múltiplo de cinco.

Cada vez que un jugador tira un doble o puntúa, juega de nuevo. Este pequeño detalle configura un juego con un ritmo diferente que implica una mayor estrategia, ya que los jugadores intentan tirar secuencias una tras otra.

Cuando juega su última ficha, un jugador se ve obligado a puntuar si ello es posible.

Si tira un doble o puntúa, el juego no termina; los otros jugadores continúan tirando, por turnos, hasta que el juego queda cerrado. Después, la mano más ligera gana.

Si el jugador no tira doble ni puntúa, gana.

Dominó y cartas

En algunas ocasiones, el dominó se juega como los juegos de cartas más famosos. Las fichas se convierten literalmente en cartas y todo el vocabulario empleado en el dominó, que era sólo una reminiscencia de la relación entre este juego y las cartas, se transforma en realidad.

CUARENTA Y DOS

Ficha técnica

- ♦ **Jugadores:** cuatro (se juega generalmente en parejas).
- ♦ **Material:** juego de doble seis (28 fichas).
- ♦ **Dificultad:** es una adaptación del juego de cartas al dominó.
- ♦ **Objetivo:** puntuar ganando bazas.

Reglas

Se barajan las fichas boca abajo y cada jugador roba siete fichas del montón.

La apuesta es el primer estadio del juego, y las bazas serán valoradas de la siguiente manera:

- ♦ 1 punto por cada baza ganada.
- ♦ 5 puntos por una baza que contenga el 5-0, 4-1 o 3-2 (suma 5).
- ♦ 10 puntos por cada baza que contenga 5-5 o 6-4 (suma 10).

El valor total máximo de una baza puede llegar hasta 42, y de ahí el nombre del juego.

El jugador que posea la ficha 1-0 realiza la primera apuesta, y los otros jugadores apuestan por turnos. Los jugadores sólo pueden efectuar una apuesta y ninguna puede tener un valor inferior a 30 puntos o ser más baja que una apuesta precedente. Un jugador puede pasar si no desea apostar.

El jugador o pareja que ha realizado la apuesta más alta debe intentar obtener bazas equivalentes al valor de su apuesta o superior. Existen ocho palos: blancas, los números 1 a 6, y dobles. Excepto en el caso de un triunfo (es decir, una ficha el rango de la cual, en el presente momento del juego, es superior al resto), el número más alto de la ficha determina el palo.

El mayor postor toma una ficha del montón y la coloca boca arriba, estableciendo así el triunfo. Si obtiene un número mixto (es decir, que no es doble), el jugador decide cuál de los dos números es el palo elegido. Los otros jugadores, después, juegan su turno.

Excepto en el caso de un triunfo o de un doble, gana la baza el jugador que tiró la ficha más pesada del palo elegido. El doble es la ficha más fuerte de su palo y puede ser superada solamente por el triunfo. Como en el juego de cartas, un número más alto del palo elegido supera a los más bajos. El jugador que gana una baza conserva el turno y opta a otra.

Puntuación

♦ Si el postor y su compañero han conseguido bazas por un valor similar o mayor a la apuesta que realizaron, puntúa el valor completo de sus bazas más el número de puntos apostado.

♦ Si el postor y su compañero no han conseguido llegar al número de puntos que apostaron, sus contrarios puntúan el número de puntos de la apuesta más el valor de las bazas que los primeros han conseguido.

Juego comentado

Exponemos a continuación dos ejemplos de mano:

♦ **Ejemplo A:** ganaría el doble 3, y el jugador que la poseyera puntuaría 5 gracias a la ficha 2-3 (2+3 = 5).

♦ **Ejemplo B:** teniendo en cuenta que el palo elegido era el dos, ganaría el jugador con la ficha 2-1 y obtendría 10 puntos extra gracias a la ficha 6-4 (6+4 = 10).

BINGO

Ficha técnica

♦ **Jugadores:** dos.
♦ **Material:** juego de doble seis (28 fichas).
♦ **Dificultad:** es una adaptación del juego de cartas al dominó, es decir, se juega con las fichas como si fueran cartas.
♦ **Objetivo:** conseguir 7 puntos ganando bazas.

Reglas

Se barajan las fichas boca abajo y cada jugador roba una para determinar el líder del primer juego. Gana la ficha más pesada. Se baraja de nuevo y cada jugador toma siete fichas del montón.

El primer tirador establece el triunfo volviendo una ficha del montón boca arriba. Esta ficha quedará expuesta y su número más alto es el líder de la baza. El primer tirador coloca la ficha que juega sobre la mesa boca arriba. Las bazas tienen sus propias normas:

♦ La doble blanca se llama «bingo» y supera cualquier otra ficha.
♦ Si salen dos fichas del palo seleccionado, gana la más alta.
♦ Si juega una ficha del palo seleccionado, ésta gana la baza.

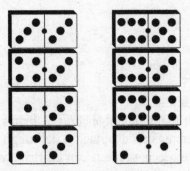

Cuarenta y dos: ejemplos A (izquierda) y B (derecha) de juego comentado.

♦ Si no hay ninguna ficha del palo seleccionado, gana la ficha más pesada.

♦ Si no hay ninguna ficha del palo seleccionado y las fichas que forman la baza tienen el mismo número de puntos, se lleva la baza el jugador que lidera el juego.

Mientras queden fichas en el montón, cada jugador roba una después de una baza. El ganador de la baza siempre roba primero, y luego da inicio a la nueva baza colocando la primera ficha.

Cuando solamente quedan dos fichas en el montón, el ganador de la última baza toma el triunfo (que está boca arriba) y el perdedor, la ficha boca abajo.

No puntúa tener la mejor ficha en una baza, sino que el valor de la baza depende de las fichas que contiene. Sólo las fichas siguientes tienen algún valor:

♦ **El doble del palo seleccionados:** 28 puntos.

♦ **La doble blanca o bingo:** 14 puntos (excepto cuando la blanca es el triunfo).

♦ **La ficha 6-4:** 10 puntos.

♦ **La ficha 3-0:** 10 puntos.

♦ **Los dobles:** valen la suma de sus puntos totales.

♦ **Las fichas que corresponden al palo seleccionado y no son el doble:** valen su número total de puntos.

En cualquier momento del juego, pero siempre que sea su turno, un jugador puede incluso reclamar puntos por tener más de un doble en sus manos. Al pedir los puntos, debe jugar el doble y exponer cara arriba el resto:

- **Si se trata de dos dobles:** el jugador canta «¡doble!» y obtiene 20 puntos.
- **Si se trata de tres dobles;** canta «¡triple!» y obtiene 40 puntos.
- **Si son cuatro dobles:** canta «¡doble doble!» y consigue 50 puntos.
- **Sí son cinco dobles:** canta «¡rey!» y obtiene 60 puntos.
- **Si son seis dobles:** canta «¡emperador! y pide 70 puntos.
- **Si son siete dobles:** canta «¡invencible!» y obtiene 210 puntos.
- **Si hay un bingo entre sus dobles:** reclama 10 puntos extra.

Un jugador no recibirá estos puntos si no reclama en el momento de colocar el doble.

Si el jugador líder considera que puede elevar su puntuación, a partir de bazas y dobles, hasta 70 puntos sin tomar más fichas, puede cerrar el juego poniendo boca abajo el triunfo. Una vez el juego esté cerrado, ningún jugador podrá tomar más fichas y las normas obligan a seguir el palo.

Esta situación también se da cuando el montón queda cerrado.

Los jugadores se ven obligados, cuando es posible, a seguir el palo con una ficha equivalente o superior. Sólo si no tiene posibilidad de tirar, el jugador puede pasar.

Gana el jugador que puntúa 7.

Puntuación

Los siete puntos se consiguen de la siguiente manera:

♦ 1 punto por cada 70 puntos procedentes de bazas o dobles.

♦ 1 punto por ser el primer jugador en conseguir 70 puntos si el contrincante tiene como mínimo 30 puntos.

♦ 2 puntos por conseguir 70 puntos después de que otro jugador haya ganado una baza, pero no haya conseguido 30 puntos.

♦ 3 puntos por lograr 70 puntos antes de que otro gane una baza. 1 punto por conseguir el doble del palo seleccionado con bingo.

DOMINO *CRIBBAGE*

Ficha técnica

♦ **Jugadores:** dos.
♦ **Material:** juego de doble seis (28 fichas).
♦ **Dificultad:** es la adaptación del juego de cartas *cribbage*.
♦ **Objetivo:** conseguir 61 puntos con unas reglas según las cuales la puntuación puede obtenerse durante el juego o al final de una mano.

Reglas

Cada jugador toma seis fichas al comienzo del juego y no las mira. Seguidamente rechaza dos, boca abajo, para formar el *crib*, una mano extra que puntuará una vez se hayan determinado las puntuaciones de las otras manos.

El líder vuelve boca arriba una ficha del montón; esta ficha es el *starter*, que no se utiliza durante el juego pero puntúa también al terminar. Los turnos se alternan:

♦ El contrincante comienza colocando cualquier ficha de su mano boca arriba, frente a él, y reclamando su número total de puntos.
♦ El líder, a continuación, vuelve boca arriba una de sus fichas y reclama la suma total de puntos de las dos fichas.
♦ El juego sigue de esta manera, con cada jugador pidiendo la suma total de los puntos de las fichas jugadas, hasta que se canta «¡go!».
♦ Durante su turno, si un jugador no puede colocar una ficha que haga que la puntuación sea 31 o menos, debe afirmar «¡go!».
♦ El otro jugador puede jugar tantas fichas como pueda hasta conseguir 31 o hasta que ya no pueda jugar.
♦ Una vez se ha conseguido el 31, o si ninguno puede jugar, empieza una nueva cuenta desde 0.

Después de que ambos jugadores hayan jugado todas sus fichas, el contrincante del líder suma los puntos que posee. El líder, después, puntúa los puntos de su mano y los del *crib*. El liderato pasa entonces al otro jugador y comienza una nueva ronda.

Puntuación

El sistema de puntuación en el juego es el siguiente:

♦ Volver boca arriba un doble en el *starter:* 1 punto.
♦ Conseguir una puntuación exacta de 15 puntos: 2 puntos.

- Una pareja (jugar una ficha con el número total de puntos que la última ficha depositada sobre la mesa): 2 puntos.
- Un triple (una tercera ficha con la misma puntuación): 6 puntos.
- Una serie de tres o más fichas no necesariamente en orden (por ejemplo, fichas que sumen 7, 8, 9): 1 punto por ficha de la serie.
- Conseguir exactamente 31 puntos: 2 puntos.
- Ser el más cercano a 31 puntos: 1 punto.
- Tener la última ficha de la mano: 1 punto.
- Conseguir 15 puntos con la última ficha: 3 puntos.

El sistema de puntuación después del juego es:

- Una combinación que sume 15: 2 puntos.
- Una doble serie de tres (tres fichas con una pareja en una de ellas): 8 puntos.
- Una serie de tres (un triple con dos fichas en secuencia): 15 puntos.
- Una serie de cuatro (dos parejas y una ficha en secuencia con las primeras): 16 puntos.

DOMINO *LOO*

Ficha técnica

- **Jugadores:** tres o cuatro.
- **Material:** juego de doble seis (28 fichas), fichas para apostar.
- **Dificultad:** este juego es similar al de cartas que lleva el mismo nombre.

♦ **Objetivo:** ser el primero en conseguir 15 puntos a partir de ganar bazas.

REGLAS

Se barajan las fichas y cada jugador toma una; la más pesada determina el líder.

Cuando juegan tres, se toman dos veces seis fichas en cada ocasión; cuando juegan cuatro, se roban una vez siete fichas (se descartan dos).

En esta versión, una mano consta de cinco fichas. El líder es quien vuelve boca arriba el triunfo. A menos que sea un doble, el extremo que tiene mayor número de puntos es el triunfo:

♦ El líder juega una ficha de su mano, y su adversario, también. Las dos fichas son una baza, y el ganador de la baza lidera la siguiente.

♦ La ficha más alta gana la baza. El rango de las fichas es el siguiente: triunfo, 6-triunfo, 5-triunfo..., hasta blanco-triunfo. El doble es la ficha más alta de cada palo; la ficha con el número más alto de puntos (que no sea triunfo) gana al resto de fichas con un número menor.

♦ Durante el juego es aconsejable usar el triunfo después de ganar una baza o, al menos, seguir el palo con una ficha. De todas maneras, un jugador no está obligado a ganar la baza si tiene una ficha perdedora que puede, legítimamente, jugar.

♦ Si un jugador no está satisfecho con su mano, tiene la opción de rechazar sus fichas y tomar otras seis, e incluso después de ver la nueva mano puede descartar una ficha y hacer que su mano conste de cinco fichas.

♦ Cada baza puntúa un punto. Gana quien consigue 15 puntos. Un jugador que no ha conseguido ninguna de cinco bazas se considera *looed:* si tiene puntos, pierde cinco; si no, gana cinco.

El interés de este juego aumenta notablemente si se introducen las apuestas. Cuando se juega apostando, cada mano es un juego completo por sí mismo y cada jugador contribuye con una apuesta personal divisible entre cinco. El líder, debe poner el doble de la cantidad que ponen los demás. Cada baza permite al ganador tomar una quinta parte de la cantidad que hay depositada en el bote.

Si algún jugador no gana ninguna baza se le considera *looed* y debe contribuir a la siguiente apuesta con la misma cantidad que apostó en la anterior. Cuando hay un *looed,* los otros jugadores no apuestan, con la excepción del líder (que sólo apuesta una vez y no dos).

Cuando se juega con apuestas, todos los jugadores tienen la opción de pasar; pueden tirar sin robar ficha sólo cuando pierdan su apuesta y no puedan ser *looed,* pero cualquiera que robe una ficha debe jugar.

Variantes chinas de dominó

El dominó es un juego muy popular en China; de hecho, ¡fueron ellos quienes lo inventaron! Exponemos a continuación algunas de las variantes más extendidas.

MAH JONGG

Este juego se ha practicado en China durante siglos. Sus reglas varían de región en región, e incluso su nombre; en algunas zonas se conoce como juego de los Cuatro Vientos. Un americano aprendió sus reglas y quedó tan fascinado por él, que simplificó y codificó las normas y lo presentó en Estados Unidos con el nombre de Mah Jongg. Esta es la palabra china para referirse al «pájaro de las cien inteligencias», dibujado en una de las fichas.

El juego fue recibido con entusiasmo y, en pocos años, más de 15 millones de estadounidenses aprendieron sus reglas. Su popularidad, sin embargo, fue injustamente breve, y a partir de 1924, el juego fue perdiendo aceptación.

A pesar de todo, ha sobrevivido y si el lector tiene paciencia para introducirse en sus interioridades, sigue resultando apasionante.

Ficha técnica

◆ **Jugadores:** cuatro (no parejas).

◆ **Material:** 136 fichas del Mah Jongg; dos dados; cuatro discos de los vientos, cada uno de los cuales marca uno de los puntos cardinales (N, S, E, O) y determina el orden en que los jugadores toman asiento); fichas para apostar (de 500, 100, 10 y 2 puntos).

◆ **Dificultad:** un complejo, fascinante y formal juego que requiere una hora de aprendizaje y toda una vida para dominarlo como un maestro. Las fichas, los caracteres orientales impresos en ellas... todo sirve para intimidar a los que se inician en él. Sin embargo, este apasionante juego encuentra su *alter ego* en los occidentales pináculo o rami.

◆ **Objetivo:** conseguir jugadas que puntúen lo más alto posible y, a la vez, ser el primero en obtener una mano completa (cuatro jugadas y una pareja) para poder cantar «¡Mah Jongg!».

«Ingredientes» del Mah Jongg

Existen tres palos: los caracteres (símbolos chinos), los bambúes (el primero está decorado con el pájaro de las cien inteligencias y el resto, con pedazos de bambú) y los puntos. Cada palo se numera del 1 al 9.

La 1 y la 9 son consideradas fichas de primera y son más valoradas; el 2 y el 8 son fichas medias. Hay cuatro fichas para cada número de un palo: 36 puntos, 36 caracteres y 36 bambúes, conformando un total de 108 fichas.

Los cuatro Vientos y los tres Dragones son las fichas de honor. Los Vientos llevan escrito su carácter en chino y, en la esquina, una letra designa cada uno de ellos (N, norte; S, sur; E, este; O, oeste). Los Dragones se corresponden con el Dragón Rojo (pintado de color rojo), el Dragón Verde (pintado de color verde) y el Dragón Blanco (sin ninguna impresión). Hay cuatro fichas por cada Viento (16 fichas) y cuatro fichas por cada Dragón (12 fichas), constituyendo 28 fichas de honor.

La parte trasera de las fichas es blanca.

Las jugadas

Las fichas individualmente no tienen valor; sólo puntúan en combinaciones formando jugadas. Hay tres tipos de jugada:

- *Chow:* es una secuencia o serie de tres fichas- del mismo palo (por ejemplo, 2-3-4 de puntos o 5-6-7 de caracteres).
- *Pung:* son tres fichas del mismo número y palo (por ejemplo, tres caracteres del número 5 o tres Dragones Rojos.
- *Kong:* son cuatro fichas del mismo número y palo.

El objetivo del juego es conseguir cuatro jugadas y una pareja; ello constituye una mano completa o *woo*. Entonces, el jugador puede cantar «¡Mah Jongg!» y puntúa.

Cualquier jugada puede ayudar al jugador a conseguir una mano completa, y una vez terminada la mano puede contribuir también a puntuar. Los *chow* no valen nada, y los *pung*, formados por fichas medias, sólo valen la mitad que si fueran fichas de primera.

El juego

Los jugadores tiran los dados. El jugador que obtenga la puntuación más alta es el Viento del Este; la persona de su derecha, el Viento del Sur, y los siguientes, el del Oeste y el del Norte.

Cada jugador obtiene fichas para apostar que suman 2.000 puntos (dos de 500 puntos, nueve de 100 puntos, ocho de 10 puntos y diez de 2 puntos).

Los tres palos del Mah Jongg: de arriba a abajo, caracteres, bambúes y puntos.

Fichas de honor: los Vientos (arriba) y los Dragones (abajo).

Se barajan las fichas boca abajo en el centro de la mesa. Cada jugador elige 34 fichas y, sin mirarlas, las amonto, a frente a él, boca abajo, en una «muralla» de 17 fichas de longitud por 2 fichas de altura. Los cuatro muros (correspondientes a los cuatro jugadores) se colocan juntos, formando una especie de fortín.

El juego comienza «abriendo la muralla». Para decidir quién tendrá el honor de hacerlo, el Viento del Este tira los dados y, comenzando por él mismo y avanzando en el sentido horario de jugador en jugador, cuenta el número que han arrojado. El jugador elegido tira los dados de nuevo. Suma el total de su tirada al total de la primera tirada. Seguidamente, comenzando por la esquina derecha de la muralla, y en dirección hacia la izquierda, cuenta el número de fichas indicado por las dos tiradas. Por ejemplo, si la primera tirada fue 2-4 (6) y la segunda 5-3 (8), el total es 14 (6+8).

El jugador comenzará contando desde la misma esquina de la derecha; al llegar a la altura del catorce, tomará la pareja de fichas de la muralla. Serán las «fichas sueltas, que colocará sobre la muralla tal como indica la ilustración y, de esta manera, quedará establecido el final de la misma.

El reparto de fichas se efectuará a partir del lado izquierdo de la apertura (si el total de las dos tiradas hubiera sido superior a 17 puntos, el jugador hubiera doblado al esquina y abierto el muro frente al jugador de su izquierda). Los dados quedan apartados hasta el momento de jugar la siguiente mano.

Los jugadores toman ahora fichas de la muralla. El jugador del Viento del Este empieza tomando dos pares de fichas de la izquierda de la apertura. Moviéndose el turno alrededor de la mesa en el sentido horario, cada jugador hace lo mismo: toma cuatro fichas a la vez a partir del lado izquierdo de la apertura. Este proceso se repite tres veces hasta que cada uno posee 12 fichas. Entonces, cada jugador toma una ficha más, de manera que cada mano se queda en 13 fichas. Finalmente, el Viento del Este toma una última ficha (será el único que tendrá 14).

Los jugadores colocan sus fichas en pie fuera del muro, de forma similar al dominó; es decir, sólo ellos pueden ver la jugada. Para que el juego resulte más fácil es conveniente ordenar las fichas en secuencia numérica dividida en palos.

Durante el juego, los jugadores intentan conseguir una mano completa tomando nuevas fichas de la muralla y retirando las que no necesitan al centro de la mesa.

Comienza el Viento del Este rechazando una de sus fichas y colocándola boca arriba dentro del agujero de la muralla. El juego se mueve en el sentido de las agujas del reloj hacia el Sur. El Viento del Sur puede tomar la ficha rechazada por el Este o coger una ficha directamente de la muralla.

Una vez ha tomado una ficha, debe descartar otra de su mano (puede ser la que acaba de tomar). El juego continúa con esta dinámica.

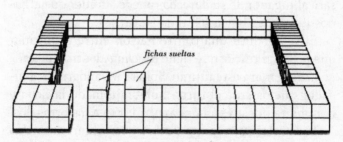

fichas sueltas

Apertura de la muralla del Mah Jongg.

En cuanto a tomar una ficha descartada, solamente puede realizarse cuando ésta culmine un *pung* (tres de un mismo palo) o un *chow* (una secuencia). Si el jugador decide que la rechazada puede serle útil, la recoge, la coloca junto a las otras dos fichas y las emplaza boca arriba frente a él (fuera de la muralla, evidentemente). Esta es una «mano expuesta» (frente a la «mano oculta», que se verá más adelante).

El jugador debe ahora rechazar una de sus fichas para que el número de fichas de su mano (sean ocultas o expuestas) siempre sume 13.

Todas las rechazadas, excepto la última, están «muertas». Ofrecen una información útil, pero no pueden tomarse bajo ningún concepto. Sólo la última rechazada puede tomarse y, cuando el jugador la elige, siempre deberá formar parte de una mano expuesta.

Se puede impulsar un *pung* incluso cuando no es el propio turno. Siempre que sea descartada una ficha que complete tres del mismo tipo de la mano de cualquier jugador, no es preciso que éste espere su turno. Simplemente debe cantar «¡*pung!*», tomar la ficha descartada y colocarla boca arriba junto con las otras que completan el juego. A continuación, el jugador procederá a descartar una de sus fichas y el turno pasará al jugador de su derecha (puede suceder que algunos jugadores hayan perdido su turno).

Si se produce una confrontación entre el jugador que posee el turno, que tiene un *chow*, y otro que canta *pung*, ganará este último. Sólo se invalidaría si el jugador que ostenta el turno hubiera tomado la ficha y la hubiera puesto ya boca arriba junto a las otras dos.

Las reglas para cantar un *kong* son diferentes. Una mano completa cuenta siempre con cuatro jugadas y una pareja. Al principio del juego, cada jugador posee 13 fichas, de manera que si la última ficha que el jugador toma no se descarta, puede conseguir cuatro *chow* o *pung* y una pareja.

Un *kong*, sin embargo, implica cuatro de un mismo palo, de manera que una mano ganadora de cuatro jugadas y una pareja debe contener fichas extra si incluye un *kong* (si hay uno, 15 fichas; si hay dos *kong*, 16 fichas, etc.). Para conservar el número correcto de fichas en la mano, un jugador que realiza un *kong* toma una ficha extra de las fichas sueltas al final de la muralla. Por ejemplo, si un jugador tiene tres de un mismo palo en su mano, puede tomar una ficha descartada y colocar un *kong* sobre la mesa. Entonces tomará la ficha suelta más alejada y podrá descartar, a su vez, una ficha.

Si un jugador tiene tres de un palo en su mano oculta y consigue una cuarta ficha de la muralla, puede cantar el *kong* y ponerlo boca arriba sobre la mesa (aunque la última ficha se emplazaría boca abajo para indicar que el *kong* no se ha producido por descarte). En este caso puntuaría como un *kong* oculto.

Si un jugador consigue una ficha de la muralla que, uniéndola a un *pung* expuesto, se convierte en un *kong*, puede usarla. Entonces tomará una de las fichas sueltas para poder descartar (no se puede ampliar un *pung* a *kong* con una ficha descartada).

Un jugador con un *kong* en la mano no tiene por qué exponerlo inmediatamente. Puede hacerlo cuando le parezca, incluso fuera de turno, siempre que haya obtenido la última ficha directamente de la muralla y no procedente de un descarte. En cada turno, un jugador puede declarar más de un *kong*, pero no puede hacerlo si acaba de cantar un *chow* o un *pung*.

Después de colocar un *kong* boca arriba, el jugador siempre debe tomar una ficha suelta y descartar. Después de dos *kong*, las fichas sueltas se habrán terminado. Para conseguir más fichas de esta categoría, el último par de fichas del final de la muralla se coloca sobre ésta en la misma posición que las anteriores. Y así, cada vez que han sido utilizadas.

Cuando un jugador completa cuatro jugadas y una pareja, sea consiguiendo la última ficha de la muralla o mediante *pung o chow* a partir de una ficha rechazada, canta «¡Mah Jongg!» y emplaza todas sus fichas sobre la mesa boca arriba.

Si hay un jugador que sólo necesita una ficha para cantar «¡Mah Jongg!», y resulta que ésta se corresponde con una descartada, aunque no sea su turno puede reclamar el Mah Jongg. Si hay varios jugadores en esta situación, gana el que está más cercano, según el orden del juego, a la persona que rechazó la ficha.

Un jugador no descarta ninguna ficha después de cantar. Sin embargo, nunca puede, declarar un Mah Jongg si acaba de completar un *kong* porque éste se sigue siempre de la obtención de una ficha suelta para corregir el número de fichas en mano. El jugador puede, no obstante, completar esta mano con la ficha suelta y ganar una prima especial.

Si un jugador declara un *kong* sumando una cuarta ficha a un *pung* expuesto, otro jugador que pueda cantar Mah Jongg con esta ficha puede robársela y cantar. Este movimiento también recibe una prima.

Puede ocurrir que nadie cante Mah Jongg. Cuando la muralla está reducida a la «porción muerta» (las últimas 14 fichas, es decir, siete pares, incluyendo las fichas sueltas), el juego se considera un empate y no puntúa. Las fichas se vuelven boca abajo, se barajan y se comienza de nuevo. El mismo jugador continúa como Viento del Este.

Si un jugador gana en el último momento tomando la última ficha de la muralla «viva», gana también una prima especial.

El juego termina cuando un jugador canta «¡Mah Jongg!» o cuando los jugadores declaran empatado el juego. El disco del Viento del Este pasa entonces al jugador de la derecha, y también el resto de discos. Las fichas se colocan boca abajo, se barajan y comienza un nuevo juego.

En Mah Jongg, los jugadores generalmente realizan una ronda de diversos juegos hasta que cada uno ha sido Viento del Este. Sin embargo, mientras el vigente Viento del Este no pierda, el disco continuará en sus manos. El ganador de cada ronda es el jugador con más puntos.

Puntuación

Combinaciones expuestas

Se completan a partir de fichas rechazadas:

- Tres del mismo palo (fichas medias 2-8): 2 puntos.
- Tres del mismo palo (fichas de primera 1-9): 4 puntos.
- Tres del mismo palo de los Vientos: 4 puntos.
- Tres del mismo palo de los Dragones: 4 puntos.
- Cuatro del mismo palo (fichas medias): 8 puntos.
- Cuatro del mismo palo (fichas de primera): 16 puntos. Cuatro del mismo palo de los Vientos: 16 puntos.
- Cuatro del mismo palo de los Dragones: 16 puntos.
- Pareja de Dragones o el Viento del propio jugador: 2 puntos.

Combinaciones ocultas

Se completan a partir de una ficha sacada de la muralla:

- Tres del mismo palo (fichas medias 2-8): 4 puntos.
- Tres del mismo palo (fichas de primera 1-9): 8 puntos.
- Tres del mismo palo de los Vientos: 8 puntos.
- Tres del mismo palo de los Dragones: 8 puntos.
- Cuatro del mismo palo (fichas medias): 16 puntos.
- Cuatro del mismo palo (fichas de primera): 32 puntos.
- Cuatro del mismo palo de los Vientos: 32 puntos.
- Cuatro del mismo palo de los Dragones: 32 puntos.
- Pareja de Dragones o el Viento del propio jugador: 2.

Primas

Por ganar una mano solamente:

- Mah Jongg (gana la mano): 20 puntos.
- Terminar el juego con una ficha no descartada: 2 puntos.
- Terminar el juego con una ficha suelta: 10 puntos (no acumulable con el anterior).
- No puntuar nada más que Mah Jongg: 10 puntos.
- Ningún *chow*, oculto o expuesto: 10 puntos.
- Robar la última ficha descartada a un contrincante: 10 puntos.
- Conseguir Mah Jongg a partir de la última ficha de la muralla «viva»: 10 puntos.

Dobles puntuaciones de honor

Se aplican a todas las manos y se calcula al final:

- Tres o cuatro del propio Viento, ocultas o expuestas: dobla la puntuación total.

♦ Tres o cuatro Dragones, ocultos o expuestos: dobla la puntuación total.
♦ Mano de un único palo, excepto por Dragones y Vientos: dobla la puntuación total.
♦ Mano de un mismo palo: dobla la puntuación total tres veces.
♦ Mano completa de fichas de honor (Vientos y Dragones): dobla la puntuación total tres veces.

Otras consideraciones

El jugador que canta «¡Mah Jongg!» tiene una mano completa de cuatro jugadas y una pareja para puntuar. Si la última ficha tirada para ganar es una rechazada, la jugada se considera una combinación expuesta. Si la última ficha se ha tomado de la muralla, la jugada puntúa como una jugada oculta, es decir, es más valorada.

Una vez se ha cantado Mah Jongg, los otros jugadores pueden reagrupar sus fichas para crear las combinaciones que más puntúan. Los *chow* no se valoran, ni expuestos ni ocultos, excepto para completar el *woo*, de manera que pueden recolocarse como *pung* o parejas siempre que sea posible. Las fichas en la parte expuesta de la mano deben permanecer donde están. Los jugadores colocan las fichas de sus manos ocultas emplazando una ficha cruzada sobre las otras dos en el caso de *pung* oculto. Esto las diferencia de las expuestas, que puntúan menos.

Cada jugador cuenta sus manos de acuerdo con el sistema de puntuación, suma también los puntos y las primas, y dobla si le corresponde. Cuando cada puntuación ha sido calculada, los jugadores establecen los premios usando las fichas que recibieron al principio del juego.

Primero, todos los jugadores dan fichas al ganador con un valor semejante a su puntuación. Por ejemplo, si ganó el Viento del Sur y puntúa 52, cada jugador debe darle 52 fichas.

El jugador Viento del Este siempre tiene las apuestas dobladas. Si gana, cada jugador deberá pagarle el doble de la cantidad de su puntuación. Si pierde, debe pagar el doble al ganador.

Después de pagar al ganador, los perdedores arreglan cuentas entre ellos. Cada jugador entrega fichas al que ha conseguido una puntuación más alta; la cantidad de pago es la diferencia entre ambas puntuaciones. Por ejemplo, si el Viento del Este ha puntuado 24, el del Oeste, 18, y el del Norte, 12, entonces Oeste pagará 6 a Este, y Norte pagará 12 a Este y 6 a Oeste.

Estrategia

♦ Es aconsejable tener controlado el número de fichas que se poseen. Siempre deben sumar 13, más una ficha adicional por cada *kong* obtenido. Un fallo a este respecto convierte la mano del jugador en «muerta» y no puntúa en absoluto. Sin embargo, ello no priva que pague al resto de jugadores.

♦ La mejor manera de ordenar las fichas es comenzando por los Dragones y los Vientos propios, siguiendo con las combinaciones posibles y esperadas, para acabar con las fichas potencialmente descartables. No hay que dejar nunca espacios entre las fichas, ya que. podrían dar información a los demás jugadores sobre el alcance de la propia mano.

♦ Es muy aconsejable preparar un plan de acción al comienzo de la partida; sin embargo, el jugador debe ser lo suficientemente hábil como para cambiarlo en relación con las fichas a que va accediendo durante el juego.

♦ Hay que analizar las diferentes formas en que pueden combinarse las fichas que se poseen para obtener los mejores resultados. Una sola ficha puede suponer el cambio de un *chow* a un *pung,* por ejemplo. Si el jugador puede elegir qué completar, es preferible decantarse por la jugada más difícil.

♦ Hay que deshacerse al principio del juego de Vientos que no sea el propio; de esta manera se restan oportunidades al contrincante de haber acumulado un par y de hacer un *pung* con ellos. En cambio, los propios Vientos o los Dragones deben guardarse el mayor tiempo posible, ya que siempre existe la oportunidad de obtener dos más y de doblar la puntuación al final.

♦ Las fichas menos recomendables y que deben ser rápidamente descartadas son las siguientes: palos simples o números 9 de un mismo palo, ya que son muy difíciles de incorporar a una serie.

♦ Nunca hay que tomar una ficha rechazada a menos que el *chow* o *pung* resultante mejore la propia mano sustancialmente. Una mano expuesta vale menos y da pistas de la distancia entre el jugador y el Mah Jongg.

♦ Es interesante estudiar las fichas descartadas calculando cuáles están «muertas» y cuáles rueden aparecer todavía a partir de rechazos o tomadas directamente de la muralla.

♦ Es preferible guardar una pareja en la mano desde el primer momento; incluso es mejor sacrificar un *pung* si ello significa preservar la pareja.

♦ La jugada más fácil de conseguir es un *chow* de fichas medias, ya que cualquiera de las ocho fichas puede completar el *chow* (y el Mah Jongg).

♦ Algunas veces, al principio del juego se está a punto de cerrar el Mah Jongg; la duda reside en cantarlo en seguida o esperar a obtener una ficha que mejore la puntuación. Para un Viento del Este, cuyas ganancias serán dobles, es preferible cantar cuanto antes. En los otros casos es arriesgado, pero esperar puede resultar muy productivo.

♦ El Mah Jongg da mejores resultados cuando se juega defensivamente, sobre todo si las primeras tiradas no son muy favorables. En este caso, hay que ignorar los *chow* y luchar por los *pung* de alta puntuación. También hay que exponer las menores manos posibles, consiguiendo cerrarlas a través de fichas tomadas directamente del muro y no de rechazos.

♦ Este juego, a pesar de la intensa estrategia que implica, también está supeditado a la suerte. En el primer reparto, si ninguna de las fichas puede servir para realizar una buena jugada, es probable que no se consiga el Mah Jongg. Si la suerte acompaña, queda patente en las primeras tiradas.

♦ Al descartar una ficha, es mejor rechazar el tipo de ficha que ya ha sido descartado por los demás, nunca una ficha totalmente nueva.

♦ Cuando la porción «viva» de la muralla está a punto de desaparecer y empatar el juego es una posibilidad bien vista por algunos, los jugadores con puntuaciones más bajas acostumbran a trabajar por el empate para que el ganador con la mano más alta no tenga la oportunidad de contarla. En este caso,

es mejor ir con pies de plomo con las fichas rechazadas, aunque ello signifique sacrificar alguna ficha
que podría haberse jugado; es preferible que el posible ganador puntúe lo menos posible.

TJAK-MA-TCHO-KI

El dominó chino es muy distinto del estándar que conocemos. Para comenzar, las fichas son notablemente
diferentes. El juego consta de 32 fichas, 11 de las cuales constituyen «series civiles» y están repetidas.

Ficha técnica

- **Jugadores:** de dos a cuatro.
- **Material:** un juego de dominó chino (32 fichas) y fi-
  chas para apostar.
- **Dificultad:** fácil.
- **Objetivo:** ser el primero en conseguir tres parejas.

Reglas

Se colocan las fichas boca abajo y se barajan. Cada jugador toma una; el que obtiene la puntuación más alta
es el líder y entra primero en juego.

El líder toma seis fichas, y el resto de jugadores, cinco cada uno. Antes de comprobar las fichas que ha obtenido, cada jugador debe depositar en el centro de la
mesa la cantidad que se haya decidido apostar.

Al empezar el juego, el líder comprueba si puede
completar alguna pareja con las fichas que le han tocado, haciendo uso de las 11 fichas repetidas (las «civiles»).

Juego de dominó chino.

Si puede formar una pareja, la coloca boca arriba y puede abandonar una ficha cualquiera de las que tiene.

El siguiente jugador puede tomar la ficha descartada si con ella forma alguna pareja. Si no, debe coger una del montón. Si puede formar una pareja, la vuelve boca arriba y descarta una de sus propias fichas.

Se va repitiendo el proceso hasta que un jugador logra formar tres parejas. La tercera pareja nunca puede formarse con un seis doble:

◆ Si se consigue la tercera pareja con una ficha toma-da del montón, todos los jugadores pagan lo que ha-bían apostado.

◆ Si se consigue la tercera pareja con una ficha des-cartada por un jugador, sólo éste paga lo que había apostado.

TSUNG SHAP

Ficha técnica

◆ **Jugadores:** dos.
◆ **Material:** un juego de dominó chino (32 fichas).
◆ **Dificultad:** fácil.
◆ **Objetivo:** conseguir sumar 10 puntos uniendo dife-rentes fichas.

Reglas

Se colocan las fichas boca abajo y se barajan. Se for-man ocho grupos de cuatro fichas cada uno. Cada ju-gador cogerá la mitad de cada grupo (en total, 16 fichas por cabeza).

El primero en jugar toma la última ficha del mon-tón que le corresponde y la coloca boca arriba en la mesa. El segundo repite la operación y pone su ficha en la mesa, alineada con la primera.

Los jugadores van colocando, por turnos, una fi-cha en uno de los dos extremos de la fila. El objeti-vo es colocar una ficha que sume diez con alguna de las dos fichas de los extremos. Entonces, el jugador se queda con ambas y puntúa 10 por cada punto que éstas tengan.

Si coloca una ficha cuyos puntos, sumados a los de las dos últimas fichas de un extremo o a la última ficha de cada extremo dan como resultado diez o múltiplo de diez, se queda con las tres fichas y puntúa el total de las tres.

Si en la mesa sólo hay dos fichas y el jugador puede tomarlas, consigue automáticamente 40 puntos. Esta jugada se conoce como *Táp ti*, o «barrida». Después de haber tomado las fichas, coloca una nueva en la mesa para reabrir el juego.

Dominós con dibujos

A título de anécdota, mencionamos la traslación del dominó a las ilustraciones de colores.

Son muy populares entre la gente menuda y pueden confeccionarse con mucha facilidad. Un juego contiene 28 fichas, con las combinaciones de siete dibujos en cada una de sus caras.

FICHA TÉCNICA

- **Jugadores:** dos.
- **Material:** un juego de dominó de dibujos (28 fichas).
- **Dificultad:** eminentemente infantil.
- **Objetivo:** colocar primero todas las fichas en la cadena.

REGLAS

Se colocan las fichas boca abajo y se barajan. Los jugadores se reparten todas las fichas y las emplazan de forma que sólo puedan verlas ellos mismos.

Un jugador sitúa una ficha sobre la mesa. El siguiente jugador debe colocar una ficha cuyo extremo se corresponda con el dibujo de la ficha que ha abierto el juego, y si no dispone de la ficha conveniente, pierde el turno.

Resulta ganador aquel jugador que coloca primero todas sus fichas en la cadena.

Todos los juegos de cartas
Arturo Botín

Los juegos de cartas empezaron a practicarse en Europa hacia el siglo XIV. Desde entonces se han ido popularizando cada vez más como forma de diversión y como medio para obtener ganancias. Este libro trae consigo algunos de los juegos de cartas más divulgados en la actualidad, mostrando la dinámica de cada uno de los juegos y algunos de los trucos más utilizados por experimentados jugadores.

• Juegos populares con baraja española: el burro, la butifarra, el tute, el mus...
• Las cartas como arte adivinatorio.
• Juegos populares con baraja americana: el bridge, la canasta, el pináculo...
• Juegos de casino: el ambigú, el bacará, el black jack, el póquer...
• Los solitarios.

El secreto de los números
André Jouette

Esta obra explora, desde una óptica original, lúdica y rigurosa, la ciencia de los números y las construcciones numéricas, así como los ámbitos cotidianos y específicos donde éstos se emplean.

Pesos, medidas, potencias, datos astronómicos, calendarios y muchos más són aquí explicados en su sentido esencial y práctico. Pero el lector también encontrará curiosidades sobre la conversión de un sistema métrico a otro, el cálculo mental o las probabilidades de ganar la lotería.

Ejercita tu mente
William Kessel

Los desafíos que propone este libro son un ejercicio intelectual que despierta el ingenio y la agudeza mental. Y lo hace de una manera lúdica y amena, fomentando la lógica, la fantasía y la sagacidad. William Kessel ha recopilado en esta obra una serie de juegos de diferentes épocas y lugares del mundo que ponen a prueba la capacidad intelectual del lector para convertirlo en una persona más brillante, ingeniosa y aguda.

• Pasatiempos con formas geométricas.

• Jeroglíficos enigmáticos.

• Juegos de palabras.

• Acertijos de lógica e intuición.

• Juegos para mejorar la visualización espacial.

• Problemas que ponen a prueba la capacidad deductiva.

Desafía a tu mente
David Izquierdo

El ingenio es una capacidad que no sólo se refiere al grado cultural o social sino que apela a la intuición y al talento natural. Esta selección de juegos de ingenio le permitirá ejercitar y desarrollar todo el potencial oculto de su intelecto con el objetivo de hacer de usted una persona más brillante, ingeniosa y aguda.

• Juegos para mejorar su capacidad de visualización espacial.

• Ejercicios para relacionar el desplazamiento de figuras en el espacio.

• Descubrir patrones para proseguir secuencias numéricas.

• Juegos para descubrir su capacidad deductiva.